瞬殺怪談
刺

我妻俊樹
伊計　翼
小田イ輔
川奈まり子
黒木あるじ
黒　史郎
神　薫
鈴木呂亜
つくね乱蔵
冨士玉女
丸山政也
真白　圭
平山夢明

瞬殺怪談　刺

寝ず見

引っ越したばかりのマンションで茜さんは奇妙な音に気づいた。

ふとした時に〈かりかり〉と何かを引っ掻くような音がするのだ。

ある夜、ベッドで横になっているとまた音がした。

音のする方向を見るとカーテンの下の方で何かが動いていた。

今夜こそ叩きのめしてやると、覚悟を決め殺虫剤をカーテンの下に突っ込むと噴射した。

散々、噴射した後でカーテンを捲《めく》ると白いものがジッと蹲《うずくま》るようにしていた。

女の人差し指だった。

部屋を飛び出るとファミレスで朝になるのを待った。

次の日、家賃を下げるという不動産屋を無視して引っ越すことを告げた。

きれいなマニキュアをした指だったという。

十二の瞳

その日、吉本さんは自宅の周りの草を刈っていた。長い間、病気で寝込んでいる妻に少しでも良い景色を見せるためである。

刈っていくうちに手が滑り、鎌が地面に刺さった。引き抜いた跡から何か見えている。

好奇心を抱いた吉本さんは、丁寧に土をどけた。現れたのは義眼であった。

何故こんなものが埋まっていたのかわからないが、とりあえず横に除けて作業を続けた。

驚いたことに、またもや義眼が埋まっていた。

家をぐるりと取り囲むように、全部で十二個も見つかったのである。

測ったように等間隔で埋められており、人の手によるものとしか考えられない。

誰が何の目的でやったのかわからないが、義眼を全て処理した途端、妻が全快したという。

チャイム

土曜の午後、〈ピンポーン〉とチャイムが鳴り、妻が玄関に向かった。
が、ドアを開ける音は響いたものの、応対する声が聞こえない。
「おい、誰か来たんじゃないのか？」
見に行くと、半開きのドアに身を挟んだ妻が、廊下を深く覗き込んでいた。
「またよ……また誰もいないわ。このマンション、悪戯が多すぎない？」
そう言って振り向いた妻の肩越しに、作業服の男が俯《うつむ》きながら立っている。
〈そこに、居るじゃないか〉と言いかけて――やめた。
最近、このマンションで自殺が相次いでいることを、突然思い出したからだ。
だが、なぜそのことを、作業服の男と結び付けて考えたのかは、わからない。
――ドアが閉まる間際、男が俯いていた顔を上げた。
これと言って特徴のない、実に平凡な容貌だった。

魂になっても

私の妹には、かつて優秀な部下がいた。彼は有能でやる気に満ち、妹たち上司が特に目を掛けて育て、順調に功績を上げて猛スピードで出世した。

しかしあるとき、健康診断で癌が見つかった。

彼は治療しながら働き、何度も手術や放射線療法を受けた。入院中も仕事をしたいと申し出て、医師の許可が下りる範囲内ではあったが、パソコンを用いた作業のほか、スカイプで会議に加わってもらったこともあった。

闘病中の彼の口癖は、「絶対に死ぬわけにはいかない」だった。

仕事のアイデアをいくつも持っていて、将来の大きな夢もある。だから僕は絶対に死ぬわけにはいかないんです——そんなふうに繰り返し語っていたという。

けれども治療開始から二年後、惜しまれつつ彼は亡くなった。享年二七。

すると、オフィスでひとりでに電気機器が起動したり椅子が動いたりしはじめた。これを「彼の魂が出勤してきている」と言って妹たちの会社では受け容れた。

三回忌を迎えても、彼は休まず働いているそうだ。

相客

以前、祐太さんが車で旅行したとき、夜遅く街灯もない道に旅館が一軒あったので泊れますかと訊いたら少し待たされたのち相部屋でもいいかと言うので、どんな人か訊いたら東京から来たサラリーマンだという。「かまわないです、お願いします」と答えたら真ん中にカーテンで仕切りのある部屋に通された。静まり返っているので相客はもう寝ているのだと思い、声はかけずにそのまま祐太さんも布団に入った。

寝つけずにいるとカーテンの向こうからぼそぼそと声がする。話しかけられている感じではないので、寝言かなと思いつつ祐太さんはいつのまにか寝てしまい、気がつくと朝になっていた。カーテンは閉じられたままで人が出ていった様子はない。気になってそっとカーテンをめくってみると向こう側には布団が敷かれておらず、畳に白い骨壺のようなものがぽつんと置かれていた。

壺には青いペンの字で〈サラリーマン、東京〉と書かれていたという。

運命の人

透さんの妹は仕事で訪れた雑居ビルでエレベーターを待っているときに突然、

「もうすぐ運命の人に出会える」

という予感に襲われて体の震えが止まらなくなったという。

そこに到着のチャイムが鳴ってドアが開いた。

するとエレベーターには体が胸から上だけしかなく、血まみれで空中に浮いている男が両手を広げて笑顔で乗っていたので、彼女はさっと踵《きびす》を返して階段に向かった。

運命の人にはまだ出会えていないことにしているそうだ。

移動

友人からもらった心霊写真を眺めていた。

並ぶ鳥居の奥に、男らしき生首が浮いているようにみえる写真だった。

パソコンの画面で拡大して確認しようと、写真をプリンターでスキャンする。

するとパソコン画面にただの鳥居が並んでいる写真が写った。「あれ？　なんでだ？」と不思議に思って、プリンターの写真を確認する。先ほどまで写っていた生首が消えていた。

「……どこにいったんだ？」

そうつぶやいた瞬間、画面いっぱいに男の顔が映り、パソコンの電源が切れた。

もうなにをしても、パソコンは起動しなかったそうだ。

ふたまた

彼女が初めて彼の家に泊まった夜のこと。

なんとなく寝苦しくて彼女が目を覚ますと、彼はベッドから上半身を起こしていた。パジャマに光がちらちらと揺れるのはスマホでも見ているのか。

眠れないの？　と彼に声をかけようとして、息を呑む。

毛布に隠れた下半身から、彼の上半身がだぶって二つ生えている。一人は大口を開けて寝ており、もう一人は体を起こして燐光《りんこう》を放つ双眸《そうぼう》で闇を見つめていた。

「ええっ⁉」

思わず彼女が声を漏らすと、起きていた方の彼が少し怖い顔をして睨《にら》んできた。

次の瞬間、怒り顔の彼はちらちら瞬きながら光る粉となって寝ている彼に吸い込まれていった。

驚いて彼を起こしたところ、「ああ、俺、寝てるとちょっと出ちゃうんだよね。気にしないで」と言って笑った。

それが彼女の、彼と別れた理由だという。

長い爪

唐川氏は神奈川県にある工業高校を出ている。校内には立派な工場があり、そこでは溶接や旋盤加工といった工業科目を学習する。

唐川氏が在学中、この工場で事故が起きた。

鋳造《ちゅうぞう》の授業の時間だった。

土で作った鋳型に溶けたアルミを流し込むのだが、その時にふざけていた男子生徒たちの一人がドロドロのアルミに触れてしまい、手に大火傷《やけど》を負ってしまった。

この件で怪我をした生徒の親が学校に激しく抗議し、事故当時に鋳造の授業を担当していた花木という若い専任教師の責任が問われることとなってしまった。

この問題はなぜか、生徒の事故とは関係のない花木のセクシャル・マイノリティの面にも触れられてしまうこととなり、その事がきっかけになってか彼は体調を大きく崩し、入院した。

退院後もたびたび病欠するようになり、学校へ来ても情緒不安定で言動がおかしく、まともな授業ができない。授業中に姿を消してしまうこともあった。

夏休みに入る前、花木は死んだ。学校付近の海浜公園で座り込むようにして亡くなっているのを地元の住民によって発見された。

死因は唐川氏たち生徒には伝えられなかったが、どうも自殺ではない。一部の生徒はクスリをやっていたのではないかと噂していたが真相は不明であった。

こうして、専任教師の不在と一連のトラブルを理由に、その年から鋳造の授業はなくなった。

花木が現れるようになったのは、彼の死から数週間経ったころだった。

放課後、薄暗い工場内をとぼとぼと歩いている花木の姿を、複数の生徒や教員が目撃していた。

三十センチくらいある長い爪を生やした花木を見た教師もいたという。

スイカ泥棒

「これは幽霊とかそういう話ではないんですけど――」

そういって会社員のKさんは語る。

長く海外に赴任していたKさんは、三年前の夏、十年ぶりに帰省したという。

駅から実家へ向かう途中、畑に差し掛かったところで、突然、強烈な懐かしさに襲われた。小学生の頃、友人とその畑でよくスイカを盗んだからである。そこのスイカは他と比べて格段に甘いので、悪いことだとはわかりながらも、なかなかやめることができなかった。といっても、盗みをしていたのは高学年のひと頃で、そう長くやっていたわけではない。そろそろやめようと思っていたとき、畑の持ち主に盗んでいるところを見つかったのだった。ひどく怒られるのかと思ったら、

「おいっ、ボウズたち。しょうがねえな、蔓《つる》を切っちまったんなら持っていって食え。絶対に残すなよ」

そういって、畑の持ち主の老人はスイカを掴んで渡してくれた。老人の優しさが胸に痛く、それを機に盗むのをやめたことをKさんは思い出した。

最近その老人が亡くなり、畑を継ぐ者がいなくなったことを、地元の友人から聞いてい

た。たしかにスイカが栽培されている様子はなく、雑草も伸び放題である。

――と、そう思ったのだが、畑の隅のほうに縞《しま》模様の丸々としたのがひとつ、草むらに転がっているのが眼に入った。傍に近づいてみると、やはりスイカに間違いない。見ると、いかにも食べ頃という感じだった。

「収穫されることのないスイカですし、このまま腐るだけですから、もらってもかまわないだろうなと思って――」

鞄のなかに十得ナイフがあったので、蔓を切って、両手に抱えながら実家まで持っていった。外の水道で冷やした後、食べてみようと包丁を当てた瞬間、家の電話が鳴った。両親は出払っていたので、仕方なくKさんが出てみると、もごもごもご、と水中でなにか喋っているようになにをいっているのかわからない。すると二十秒ほどして切れてしまった。なんだよ、と改めて包丁で切り身を入れて、一気に二つに割ってみると――。

「果肉がまったくなくて黒い種がぎっしり詰まってたんです。あんなスイカ見たことありませんよ。なんだか種が虫みたいで気持ち悪いので裏庭に捨ててしまいました」

そんなことが一度だけあったという。

備えあれば

イギリスのグリップという保険会社には「宇宙人保険」が存在する。読んで字のごとく、宇宙人に誘拐または妊娠させられた場合、その損失を補償するのである。ユニークなのは、妊娠に関して男性の加入も認められていることだ。これは宇宙人の「人類よりも高度な技術」を考慮したものだという。

保険内容に加え、百五十ドルの掛け金に対して補償金が百万ドルという高い補償額も話題となり、この保険にはおよそ二万人以上が加入した。

冗談としか思えない保険だが、驚くべきことにロンドンの電気技師が「三十分以上にわたり誘拐された」と認められ、補償金が支払われている。

残念ながら現在この保険は廃止されてしまった。理由は不明だが、カルト教団が集団自殺を敢行する直前、この保険へ加入したのが原因ではないかといわれている。なぜ集団自殺前日にこのような奇妙な保険に入ったのかは、謎のままだ。

アメリカのフロリダにある保険会社も、同様の「宇宙人誘拐保険」を取り扱っている。こちらでは、まんがいち誘拐された場合には一千万ドルが受け取れるというから、イギリスよりも破格である。

ジョーク以外で入る人間などいないように思えるが、なんとこちらもニューヨーク在住の加入者二名が、実際に保険金を受け取っているのだという。

我々が鼻で笑っている不可解な現象も、聡明な人間はその危機をきちんと認識し、来たるべき瞬間に備えているのかもしれない。

ちだまり

大学校舎から女子学生が飛び降り自殺をした。即死だったという。

薄情なようだが、学年も違い面識のない学生の死にたいして思うことなどなかった。

あくる日に現場の囲いが解かれたので見に行くと、赤黒く染まったアスファルトの凹凸《でこぼこ》に生々しく肉片がこびりついていた。

彼女の死から数日が経過し、その間に降った雨で遺体を囲んでいたチョーク痕も薄れたというのに、自殺現場のアスファルトはいまだに血塗《ちぬ》られたままだった。

級友と一緒にその場所を通りがかったとき、愚痴《ぐち》りたくなった。

「いつ見ても気持ち悪い。大学は何で片付けないのかねぇ？」

級友はきょとんとしている。自殺現場の血溜まりが目障《めざわ》りなのだと説明すると、級友は顔をしかめた。

「何言ってんの？　そんなもの、翌日には綺麗に掃除されてただろ」

そんなばかな。自殺現場に目をやると、赤々とした鮮やかな血溜まりがこちらに滑り流れて来るところだった。

連凧

Ｋ氏は子供の頃から、空高く連凧《れんだこ》があがっているのを見かける。たびたびのことなので、彼としては当たり前に思っており、どうやらそれが彼以外の人間には見えないものらしいということも自覚しているという。

どこから上がっているのか、興味を持ってその出どころを探したこともあるが、そんなに遠くで上がっているようには見えないのに、どこまで追っても虹のように根元にはたどり着けなかった。

何か意味があるのかも知れないと思いつつ、もはや深く詮索するのも怖いような気がするため、最近では、できるだけ知らんふりをしているそうだ。

ナチュラリスト

倉吉という女性の話である。

倉吉は木や花の言葉がわかるらしく、自らを植物の伝道師と称している。

植物は世界を変える、木々の声を聞け等々、会う人ごとに説教する日々をおくっていた。

特に被害を受けたのは、隣家の渡辺さんだ。

ある日のこと、たまりかねた渡辺さんは一計を案じた。

勤務先の近くに、祟る木がある。触るだけでも不幸が訪れると恐れられている木だ。

それを幸せの木として紹介し、倉吉を連れて行ったのである。

渡辺さんの眼前で、倉吉はいきなり木に抱きついて頬をすり寄せた。

素晴らしい、なんて温かくて優しい木なの、これこそが平和の象徴よ。

そう言って倉吉は木を撫で回し、抱きしめ、キスをした。

次の瞬間、昏倒して倒れ、救急搬送されたという。

退院後、倉吉は屋外に出ようとせず、家の中で悲鳴をあげているそうだ。

まぐれ様

益恵さんのバイト先の店長はずっと体調が悪そうだったが、なぜか病院に行こうとはしなかった。

「店長やばいんじゃないの?」そうバイト同士で話していたらある日、店長あてに電話がかかってきた。益恵さんが取ったのだが、

「×××さんいますか?」

店長のフルネームを言う女の声は妙に遠くて、録音した声を聞いているようだったという。

電話を替わると、店長は受話器を耳に当てたままほとんど無言で数分後に電話を切った。

それから急に様子がおかしくなって、ぶつぶつ何か言いながら自分の手にペンで線を何本も引いたりしていたが、夕方に事務所で突然倒れて病院に搬送された。

意識が回復したとき奥さんの手を握り、

「マグレサマに見つかったからおれはもう駄目だ、子供たちのことをよろしく」

そう言い残してふたたび昏睡状態になり、そのまま店長は亡くなってしまった。

奥さんは「マグレサマ」なんて聞いたことがないと困惑していたそうだ。

せんべい

桧山さんは警察官である。様々な経験の中で最も印象が深いのは、とある轢き逃げ事件だ。それは部下の朝倉が辞める理由になった現場でもある。

被害者は若い女性。夜間で見通しも悪く、最初に轢かれた後も後続車に轢かれ続けたため、遺体は著しく損傷していた。最もひどかったのは首から上だ。徹底的に潰され、せんべいとなって地面に貼りついていた。

桧山さんが肉片を拾い集めている間、引き延ばされた頭部を調べていた朝倉が妙な声をあげた。

「へえ、不思議だな。桧山さん、これって目玉が綺麗に残ってますよ」

いいから早くしろと窘める桧山さんに向かって薄く笑い、朝倉は丁寧に頭部を引き剥《は》がした。

その時のべたついた音は今でも思い出せるという。

事件以降、朝倉は当務中にぼんやりしていることが多くなった。

虚《うつ》ろな顔で外を見ているかと思えば、うつむいて考え込んでいる時もある。

そのような状態が二週間ほど続き、とうとう朝倉は遅番の日に無断欠勤してしまった。

桧山さんは朝倉のアパートに向け、車を飛ばした。

ドア横の窓は厚いカーテンが閉められ、灯りが点いているかどうかすらわからない。とりあえずドアをノックしてみる。反応が無い。電話をかけると、室内で携帯のバイブ音がする。

在宅中だと判断し、桧山さんはドアをノックし続けた。

粘った甲斐があり、ようやくドアが僅かに開いた。部屋の中は真っ暗だ。

朝倉は酷く怯えた様子で視線を泳がせながら言った。

「せんべいが来る。窓に貼りついてこっちを睨む」

桧山さんには目もくれず、早口で繰り返しながらドアを閉めた。

それ以後はどう説得しても、出てこようとはしなかった。

既に夕方を通り越し、薄暗くなってきている。諦めて駐車場に戻った桧山さんは、もう一度だけ朝倉の部屋を見た。ドアの前に人が立っている。

薄暗がりでよく見えなかったが、異様に頭の大きな人だったという。

へるめと

友人がコンビニに行っているあいだ、彼の部屋で「へるめと」という声を聞いた。

帰ってきた友人に声が聞こえたことを報告する。

彼は「あ？　またか」と眉間《みけん》にシワをよせた。

「それ『へるえお』みたいな声やろ。もう何回も聞いてるねん」「オレには『へるめと』って聞こえたけどな」「へるめと？」

友人は「これか？」と机の上にあったフルフェイスのヘルメットを手にして眺めた。

「ああ、ヘルメットか……それ、どないしたんや？」

「いや、なんか道路わきに落ちてるの、この前みつけて……うわあッ！」

床に落とされたヘルメットのなかは、黒い血の跡がベッタリとついていた。

ヘルメットを拾った場所においてきてからというもの、声はいっさい聞こえなくなったという。

感心なエレベーター

息子がひとりで習い事に通いはじめた頃のこと、マンションの出入口まで付いて行ってあげようとしたら、エレベーターの前に立った瞬間ぴったりにドアが開いた。

まだボタンを押していなかったので不気味に感じ、私が乗るのをためらったら、息子は、「僕は大丈夫。ひとりで行ける」と言って乗り込んでしまった。

階段で追いかけてマンションの外で追いつくと、ケロリとしている。一〇歳にしては豪胆だと感心した。その後は玄関で見送るだけにしていたが、しばらくして一緒に外出する機会があった。

すると、エレベーターの前に並んで立った途端、ドアが開いた。

「いつもタイミングを合わせてくれて、このエレベーターは凄いね」と息子は言った。

地獄の声

優子さんの職場にバイトで来ていた男の子は霊感があって、葬式の家の前を通るとたまにひどい怒鳴《どな》り声が聞こえてくるらしい。

「死んだ人の名前がいろんな声で呼ばれてるんだって」

最初は何事かと思ったが他の人には聞こえていないとわかり、この世のものの声ではないのだと知ったという。

彼いわく「たぶん名前呼ばれてる仏さんは地獄に落ちるんだと思う」とのこと。

呼ぶ声は老若男女さまざまに入り乱れているが、やさしく呼びかけるような口調はひとつもない。

まさに地獄から響いてくるような声ばかりなのだそうだ。

屋形船

暑気払いに会社の連中と屋形船に乗ってから、耳の調子がどうも悪い。
耳の奥で〈うーっ、うーっ〉と、四六時中、ずっと耳鳴りが続いている。
まるで、二日酔いにのたうつ中年男性の、唸り声のような耳鳴りだ。
同僚に話すと、屋形船のエンジン音が耳に焼き付いたんじゃないかと言われた。
まさかとは思ったが、念のため耳鼻科で診察をして貰うことにした。
が、結果は異状なし。
「日ごろのストレスが原因ですね」と、医師から休養を勧められた。
考えてみれば、最近まともに休暇を取っていない。
この際、溜まっていた有休を、五日分ほど纏《まと》めて使うことにした。
その初日、リビングのソファーで寝転んでいると――
『ストレスじゃないよ』と、耳元で囁かれた。
ずっと聞こえている耳鳴りと、同じ声音《こわいろ》。
誰だかは、知らない。

吹き溜まり

木村さんの自宅は路地の奥にあり、玄関の、向かって右側が行き止まりだ。

そこは落ち葉やゴミの吹き溜まりになっていた。

木村さんは、ある程度溜まるのを待ってから片づけるようにしていた。

秋が深まる頃、枯れ葉が多くなってきた。

そうなると、毎日のように掃除しなければならない。

その朝も丁寧に掃き集めていると、落ち葉の山の中に腕が落ちているのに気づいた。

どう見ても人間の腕である。息が止まるほど驚いた木村さんは、持っていたホウキで突いてみた。

ホウキは腕をすり抜け、地面を突いた。

カツン、という音と共に腕は消えたという。

何日か後、落ち葉の山の中に頭部らしきものが見えた。

それ以来、木村さんは掃除を止めた。

眼帯

友達の葬式で共通の友人たちに会ったらみんな右目に眼帯をしていたので驚いた。訊けば死んだ友達が夢に現れ「絶対に右目に眼帯をしてくるように」と怖い顔で念を押すので気になって途中で買ってきたらしい。

賢さんだけは本当に目を痛めて昨日から装着していたのだが、故人がなぜこんな不可解な〈お揃い〉を彼らに強制してきたのか誰にもわからなかった。

クロッキー

三浦さんは高校で美術部に入っていた。

二年生のころに顧問が病気で亡くなり、新たに生田という若い教師が顧問になった。

この生田がダメな教師だった。まるでやる気を感じられず、あからさまに面倒くさそうで、課題を出すだけ出して何かを教えるわけでもなく、部室にはほとんど顔を出さない。

そのくせ、作品への評価は厳しく、がんばって完成させた作品にも心無い評価を突き刺す。

それだけならまだ我慢はできたが、生田は感情を作品に直接向けることが多かった。「ここがクソつまらない」と難癖をつけ、言われた箇所を直して見せると「評価の対象にならない」と作者自身の手で破棄させる。急に難しい題材でデッサンを描かせ、回収すると見もせずに全員の前で破ったこともあった。

生田のせいで、来なくなる者や辞める者が続出し、三浦さんが誘って一緒に入ってくれた友人も来なくなってしまった。そういう生徒たちに対して生田は「だから作品も中途半端なんだ」と吐き捨てた。

ある日の授業中、三浦さんは自分の机の中に入れた覚えのない茶封筒があるのに気付いた。中身は鉛筆で書かれたリアルな生田の顔のクロッキーだ。

しっかりと特徴を捉えていて、見ているだけで憎たらしい。誰が描いたのかは知らないが、同じ部で苦汁をなめている者に違いない。

生田の頭には小さな包丁が刺さっていて、黒い血しぶきも飛んでいる。さっそく、三浦さんも画鋲《がびょう》や釘を描き足して血まみれの顔にし、また封筒に入れて机の中に戻した。

午後には封筒はなくなっていたという。

この日、生田は自宅のロフトから落ちて病院に搬送された。後遺症の残るほどの怪我だったようで、美術部の顧問は別の教師になることが決まった。

その報告を受けた部員の中から、クスクスと笑う声が聞こえてきた。

ゆれる

この原稿を書いている三時間ほど前、冷やかしがてらにショッピングモールを歩いていたところ、背後から「おい、おいおい」と呼びとめられた。

声をかけてきたのは見知らぬ男性である。たしかに顔写真が地元の新聞に掲載されて以降、私は他人に話しかけられる機会が増えた。しかし、それにしてもあまりに不躾《ぶしつけ》な言葉遣いである。と、戸惑《とまど》うこちらにおかまいなしで、男性はジーンズのポケットから取りだした携帯電話を私の鼻先に突きつけた。

画面に映っているのは一枚の写真で、やはり知らない人物のアップだった。よっぽどカメラマンの腕が悪いのか、被写体の顔は画面の右下で見切れており、左上部の空間がぽっかりと空いている。

そこに、真っ黒な足が二本ぶら下がっていた。

「ヤスユキの高校、出るんだよ。アイツ馬鹿だからさ、なにも知らずに校舎で撮って。そしたら後ろの廊下に、ほれ。ここって生徒が首吊った場所なんだって。カズ先輩から聞いたのは、この写真撮って何ヶ月かしてからでさ。そりゃもうビビったよね」

止まらぬ男性の話をなんとか中断させて、口を開く。たしかに私は怪談話を飯の種にしている。しかし、だからといって唐突に話しかけられ、脈絡のない体験を語られても困るのだ……そのような趣旨の言葉を、相手をなるべく刺激しないよう努めて語った。

ところが男性は予想に反してリアクションが薄く、しまいには「へえ、アンタ怪談を集めてるの」と、感心とも驚嘆ともつかない言葉を漏らしはじめた。

「へえ……って、じゃあどうして私にこんな気味の悪い写真を見せたんですか」

「いや、なんだか見せなきゃいけない気がしたんだよね。わかんないけど」

そう言うや携帯電話をポケットに再びしまうと、男性は呆気にとられる私を残して、ショッピングモールのゲームセンターへ消えていった。

なかなか衝撃的な体験であったため、私はすぐさま帰宅し、この原稿を書いているというわけだ。ちなみにいま、視界の隅でなにかが揺れているが直視するつもりはない。

きしむ

なかなか眠れずベッドで悶々《もんもん》としていたところ、五歳になる息子の声が寝室のドア越しに聞こえてきた。おとうさん、おとうさん。しばらく狸寝入りで遣り過ごしたが、訴えはいっかな止みそうにない。

息子もわたし同様、新居に慣れないのだろうか。父子ふたりの生活に不安をおぼえているのだろうか。寝床のなかで思いを巡らせるあいだも、おとうさんおとうさんと声は続いている。いよいよ堪《たま》らなくなって、ベッド脇の机に置いた眼鏡へ手を伸ばした。

短い廊下を早足で進み、ドアノブへ手をかけて子供部屋を覗く。

息子はすやすやと寝息を立てていた。えっ、と思わず漏らした直後、自分の寝室からおとうさんおとうさん、おどぉさんおどおざぁんと楽しげな濁《にご》った声が聞こえてくる。

「そんな出来事が、ありましてね」

話者はそう言って、視線をやや上に向けた。

取材場所は彼の自宅である。もしや彼が見あげる先に、その寝室があるのだろうか。訊ねようとした矢先、誰かが歩きでもしたかのように天井が軋んだ。

玄関先で「息子は小学校に行っているので、不在です」と聞いた憶えがあるけれど、記憶が正しいかどうか確かめる気になれない。

黙りこむ私と彼をよそに、二階の音がゆっくり大きくなっていく。

かたる

某市へ赴いたおり、百円巡回バスなるものに乗車した。以下は、その車中で耳にした親子の会話。

えっ、お前ほんまに憶えてないの。三歳か四歳くらいやで、さすがに記憶あるやろ。うわ、本気で忘れてる。ユウジ連れて、ワシとお母ちゃんと四人で公園行ったやんか。まだ赤ん坊のユウジをお母ちゃんがおんぶして、ワシはお前の手ェ引いてさ。

ほんで芝生にゴザ敷いてから、お前に「ユウジの世話頼むわ」言うて、お母ちゃんとソフトクリーム買いに行って。ほんで戻ってきたら、お前泣いてんねん。

「僕じゃないの。僕がしてるんじゃないの、変なおばちゃんのせいなの」ってぼろぼろ涙こぼしながら、ユウジの口んなかにミツバチをぎちぎち詰めててさ。

あんなにぎょうさんのミツバチ、どっから見つけてきたんや、ってビックリしたわ。おまけにお前むっちゃ刺されて、掌《てのひら》が釣り針みたいなミツバチの針だらけなってるし。

うん、うん。せやで。

そんときの傷がもとでユウジ死んだんやで。

白目むいて泡ァ吹いとったの、ほんまに憶えてないんか。お前、若年性なんとかってヤツちゃうか、いっぺん医者に（と言いながら親子、市役所前で降車していく）

わらう

クリーニング店へと夫のスーツを取りに行く。今後の再就職にそなえて、念のために洗ってもらったのである。

受付で返却を待ちながら、ふと夫の青白い顔を思いだす。ここ最近絶えずつぶやいている、意味不明な独りごとが脳裏によみがえる。ときおり身をのけぞらせて笑う姿が、まるで見えない誰かと話しているようでひどく不気味だった。

どうしてお医者さまの薬が効かないのかしら。病院を変えたほうが良いのかしら。

ため息を漏らしたのとほぼ同時に、店員がスーツを手に戻ってきた。

「あの……申しわけないのですが、こちらの汚れがどうしても落ちませんで」

そう言うや店員は透明の衣料カバーをめくり、鼠《ねずみ》色の背広をべろりと裏がえした。

背中の部分に、人の顔を押しつけたような赤茶色の薄い染みがあった。

顔は笑っているように見えた。

ああこれか、なるほどね。なるほどねえ。なんだかおかしくなり、自分も声をあげて笑った。身をのけぞらせ、げらげらげらげらと笑い続けた。

「しばらく経って、どんな様子だったかをクリーニング屋さんが教えてくれたんです。私はぼんやりしか憶えていなくて。だからこの話も、実体験なのに他人事《ひとごと》みたいにしか思えないんですよね」

マユミさんはそう言って私に微笑むと、隣に座る旦那さんと顔を見あわせた。

旦那さんは無表情のまま頷《うなず》くばかりで、まったく口を開かない。羽織《はお》っている鼠色の背広を、無言でしきりに撫でている。

じこる

コンビニの駐車場に一台の軽自動車が入ってくる場面から、映像ははじまる。ハンドルを握っているのは老齢の男性で、車内には孫らしき子供が三名乗っている。やがて、車は駐車スペースで一瞬停まる。直後、後部座席で跳ねまわっていたひとりの子供が運転席へなだれこむように身を預け、そのはずみで老人が操作を誤る。

再び前進した車は店の窓ガラスを突き破り、窓際の本棚をなぎ倒す。間一髪で避ける立ち読みの客。一拍置いて店員数名が駐車場へ走ってきて、軽自動車を取りかこむ。

いつのまにか子供の姿は車内から消えている。ドアが開いた様子はない。

「……運転手の男性に確認しましたが、車には自分以外乗ってなかったそうで」

この店のオーナーである鈴木氏（仮名）は、映像を停止すると私に同意を促した。

「実は、おなじような事故がもう一件ウチで起きてるんです。けっこう前なんで映像は消去しちゃったんですが……乗っていたのはやはり子供で、事故直後に消えています」

三件目が起こったら、いよいよお祓いをするつもりだそうだ。

トントン

トントントン、と階段を上ってくる足音がした。

共働きで両親の帰りが遅いため、夜まで一人きりで留守番中。

まだ時間が早いので、親ではない。では、階段を上っているのは誰。侵入者を確認しなければ、と思った途端に金縛りに遭い、開けっ放しの部屋のドアから階段が見える姿勢で椅子に固定されてしまう。

トントントントントン。
四、五、六、七、八段と足音が近づいてくる。
このまま行くと、階段を上って来る誰かと直面するしかない。

全部で十二段ある階段を、何者かは上り終えてしまった。

しかし、何も見えない。二階の廊下に人の姿などない。

トントントントントン、と足音は十二段目の後も続き、まるで見えない階段を上るかのように、上へ上へと遠ざかっていった。

相性占い

　Ｆ美さんが中学二年生のとき、クラスで相性占いが流行《はや》った。それは電卓を使うやり方で、占いたい相手と自分のフルネームの母音を一から五までの数字に置き換え、ふたつの数字を足して二で割る。それを一より小さくなるまで続け、そのときに出た小数点以下の二桁がふたりの相性となる。例えば〇・八六二二……であれば、ふたりの相性は八十六パーセントという塩梅《あんばい》だ。

　Ｆ美さんが長く想い続けている相手の名前でやってみると、なぜか小数点は出ずに何度やっても〇と表示される。筆算を使って自分で計算してみると七十三パーセントになるので、電卓が壊れているとしか思えない。試しに別のひとで相性を占ってみると、普通に小数点が出るので不思議で仕方がなかった。

　Ｆ美さんの片想いの相手は、小学六年生のときに小児がんで亡くなった同級生だったそうである。

縁起の悪い写真

Dさんがリビングで遊んでいる子供たちを写真に撮った。

すると末の娘だけが妙に大きい。

まるで一人だけ、子供の着ぐるみを着た大人が混じっているみたいに妙なバランスで写っていたという。

距離の遠近でそう見えるのかと思ったが、三姉妹は手をつないで横並びに座っているので、カメラとは等距離のはずだ。

不思議に思って奥さんにその写真を見せたところ、

「縁起でもない写真撮らないでよ！　子供たちに何かあったらどうすんの！」

そう大声で怒鳴り散らしたのち、写真のデータも消されてしまった。

数時間後に奥さんは入浴中に昏倒して、そのまま意識が回復せずに病院で息を引き取った。

「あいつ縁起でもないなんて言うからきっと罰が当たったんですよー、何の罰かって？　さあねえ」

Dさんはなぜかへらへらと軽薄に笑いながら、酒臭い息でそう語っていた。

ベランダと息子

山下さん夫妻には、翔太くんという五歳になる子がいた。

翔太くんは落ち着きの無い子で、常に山下さんを苛つかせていた。

休日の朝、翔太くんは遊びに行きたいと叫び続け、部屋中を走り回った。

　妻に任せたいところだが、仕事に出ている。しばらく無視していたが、急に翔太くんが静かになった。ふと見ると、ベランダの柵を越えようとしている。

　山下さんは止めなかった。部屋はマンションの一階である。ベランダを乗り越えても、下は柔らかい芝生だ。少しぐらい痛い思いをした方が良い。とっさにそこまで考えたという。

だが予想に反し、翔太くんは大怪我をした。頭から落ちた先にコンクリートのブロックが置いてあったのだ。山下さんが知らぬ間に、妻が庭作り用に買ったものであった。

　三日三晩眠り続けた挙句、翔太くんは僅か五年の人生を終えた。

　離婚後、山下さんは引っ越す費用も工面できず、一人で暮らしている。

　最近では仕事も辞め、ベランダを見つめて過ごす。翔太くんが何度も何度も現れ、柵を越えて落ちていく。何かすれば止められるのかもしれないが、全くその気にならないという。

石灯籠

幹夫君の祖父宅には年代物の石灯籠《いしどうろう》があったが、どういうわけか一番上の部品にあたる宝珠《ほうじゅ》と傘が無造作に庭に転がされていた。

盆暮れの休みには祖父宅に連泊するのだが、その石灯籠に火が灯るのを見たことは一度もなかった。

何故、石灯籠を崩れたままにしておくのか？　幹夫君が尋ねると、祖父は渋面を作った。

「あれに石を乗せるとな、上で子供が踊るから乗せられんのだ」

へえ、あんな小さな傘の上で踊るなんて、器用な子なんだね。

幹夫君が感心していると、祖父が声をひそめて耳打ちしてきた。

「それは一見、子供に見えるけどな。本物の子供じゃないんだ」

幹夫君はもっと詳しく知りたかったのだが、祖父はそれ以上石灯籠について語ることはなかった。

幹夫君が中学校に上がった春に、祖父が縁側で亡くなった。

祖父は庭に向かって土下座するような姿勢で息絶えているところを、隣人に発見された。

通夜の日の夕方、幹夫君は祖父が倒れていた場所に立ってみた。そうすることで、彼なりに独りで逝った祖父を悼むつもりだった。

祖父の最期を想像して縁側に正座すると、件《くだん》の石灯籠が目に入る。

これも祖父の形見と、幹夫君は石灯籠を直すことにした。

石なのでかなり重量があったが、なんとか傘を上まで持ち上げることができた。

無事設置して達成感に浸っていると、石灯籠がぐらっと揺れた。

地震かと辺りを見回すが、庭木の枝は動いていない。ただ、先ほど上に乗せてやった石灯籠の傘だけが、生き物のようにぐるりぐるりと回っていた。

ぐもおおおおぉぉぉん、と悲しげな音を放ちながら、回転する傘が石灯籠の本体から独楽のように飛び立って芝生に落下した。

落下地点に駆け寄ると、柔らかな芝生の上のこと、さほど衝撃があったとも思われないのに石灯籠の傘は粉々に砕けていた。

「どうしたの、今のすごい悲鳴は何⁉」

両親に詰問されたが、幹夫君にも何がなんだかわからないので、どうにも上手く説明出来なかったという。

ベッドの下の男

若い女性の部屋へ友人が泊まりにくる。夜、楽しくお喋りをしていると、突然友人が喧嘩腰になり家を飛びだしていく。まもなく女性の携帯が鳴る。かけてきたのは先ほどの友人で、彼女は早口でこう告げる。「すぐ逃げて、ベッドの下に斧を持った男が隠れてるの!」これはアメリカの非常に有名な都市伝説だが、単なる噂と笑ってもいられないようだ。

以下は、イギリスの「ミラー」紙が報道した事件。
二〇一四年、イングランドに住む女子学生が携帯電話に謎のメッセージを見つけた。送り主は同じ学校に通う男子生徒で「窓の外から君を見ている」と書かれていた。単なる悪ふざけにも思えたが、胸さわぎをおぼえた彼女は二階の自室で眠らず、一階にある母親の部屋で一夜を明かすことに決めた。その間も男性からは「家のなかに入った」「お前の部屋にいる」と不気味なメールが次々に届いていた。

翌朝、なにごともなかったことにホッとして彼女が部屋に戻ると、クローゼットに仕舞っていたはずの衣服が床へ散らばっていた。叫びたくなるのをこらえて彼女は部屋を見わたし、そこで先ほどの「ベッドの下の男」という都市伝説を思いだした。

まさかと祈りながら覗きこんだベッドの下には、男子生徒が潜んでいた。即座に逃げたため彼女は無事だった。犯人は家から逃げたところを警察に捕まり、裁判所から被害者への接見禁止を命じられた。

しかし、男性は保釈後も女性の職場へラブレターを持って乱入したために再逮捕されている。現在どうしているかの続報はない。

一見チープな都市伝説が世に広まるのは、現実に起こり得る不安がそこに潜んでいるからだ。今夜はベッドの下を確かめてから、眠ってほしい。

黒目

古尾さんの祖母は亡くなる三年ほど前から、写真を撮ると黒目が写らなかった。

撮影の瞬間にまばたきをしてしまうわけではない。

しっかりと瞼《まぶた》を開けているのに、目から黒目のみが消えてしまうのである。

これはフィルムカメラでの撮影にかぎることであり、デジタルカメラで撮影しても一度も目に異常が現れたことはなかったという。

もともと写真を撮られるのが好きではない人だったので、祖母の写ったものは数えるほどしか残っていないそうだが、そのほとんどが白目で写ってしまっている。

見た目にもあまり気持ちのいいものではないので、祖母の写真はすべてプリントショップの袋に入れたまま倉庫の奥にしまっていたのだが、この写真が問題を起こしてしまう。

古尾さんには六歳の娘がいるのだが、一人遊びの最中に倉庫の中からプリントショップの袋を見つけてしまい、その中身を見てしまった。

「おばけの写真がある！」とひどく怖がって、部屋を這いずり回りながら泣き喚《わめ》いた。

「こわくないよ。これはおばけじゃなくて、おばあちゃんだよ」

そう教えたのだが、生前の祖母とは一度も会えていないので信じてくれない。

泣きながら、「おばけの写真を捨てて」と懇願してくる。

いくら娘の頼みでも捨てることはできないので、娘では見つけられないような複雑な場所に隠し直し、もう捨てたよと伝えた。

それから幾日か経って、娘が突然、こんなことをいいだした。

「どうしよう、もうオシッコできない」

娘の話によると、トイレに行くとおばけがいて、オシッコをしているあいだ、ずっとそばにいるので怖いのだという。

どんなおばけがいるのと聞くと。

「白い目のおばけ」と答えた。

かくれんぼ

伊丹さんは先日、取材で地方のホテルに泊まった。本館から廊下で繋がれた別館に案内された彼女は、静かで落ち着いた雰囲気の部屋をとても気に入った。

深夜、突然、胸の辺りが苦しくなった。何かが乗ってくるような感触だった。

枕が変わると寝付きが悪くなる彼女は用意していた睡眠薬を飲み、睡ろうとした。が、それでも胸苦しさに度々、目が醒めた。そうしたことが四度ほど続いたとき、胸に乗っていたものがサッと逃げる気配を感じた。

部屋の電気を点けたが、迷い猫や他の類はいなかった。

ふと思いつき、彼女はベッドの下を覗き込んだ。

人がいた。

腰が抜け、悲鳴を上げようにも喉が詰まった。

が、よくよく見るとそれは人形であった――半笑いの人形がこちらを向いているのだ。

すぐさまフロントに電話を入れると血相を変えた客室係とマネージャーらしき人物が飛んできて彼女を別の部屋に案内した。

荷物は係が運んでくれたのだが、デスクにしまった取材のメモがないことに気づき、元の部屋に戻ると室内から従業員が『また入りこみやがった』と叱りつけるように云うのが聞こえ、続いて『あの人も吐くな』と別の声が云った。

なんとなく入りそびれた彼女は、内線でメモを探して持ってきてくれるように頼んだ。

翌日、帰京。旅の疲れもあって早々にベッドに潜り込むとぐっすりと寝入った。

が、夜中、猛烈な胸のつかえに耐えきれず、洗面所で吐いてしまった。すると髪の毛が延々と出てくる。全て吐き終えたときには洗面台が真っ黒に盛り上がるほどだったという。

八年前のバイト

八年くらい前に一ヶ月だけバイトした職場で久志さんはすごく怖い目に遭った覚えがあるが、具体的なことを何も思い出せなかった。気になって当時一緒にバイトした同じ大学の男に連絡を取ろうとしたら五年前に自死していることがわかった。

他の同期バイトも調べたら全員事故や病気で亡くなっていて、担当社員も少なくとも二人死んでいることや会社自体が五年前に潰れていることがわかった時点でこれ以上思い出す手がかりがなく、またその気力もなくなった久志さんは今はできるだけ楽しいことだけ考えるようにして日々を送っているという。

まずはひと安心

森永さんが大学生の頃、笠間という友人がいた。

俺には霊が見えると公言して憚《はばか》らない人物だ。

その笠間がしばらく休んでいると知り、森永さんは部屋を訪ねた。

怯えた様子の笠間が理由として挙げたのは、同級生の伊達である。

伊達は一見すると爽やかな好青年だが、粘着質な性格に加えて粗暴な男であり、女性を弄んで楽しんでいた。その伊達の背後に、二週間前から女が憑いている。これといった特徴の無い女だが、目が凄い。とにかく凄いとしか言えない。

その目で、近付く者を激しく睨みつけているというのだ。

目が合ったら終わりだと思い、その場を逃げ出して以来、外に出られなくなったのだ。

だが、笠間はしばらくして無事に復帰した。伊達に関する噂を耳にして、安心したからだという。

伊達の周辺にいる者が事故に遭ったり、体調を崩したり、酷い時には亡くなったりしたのだが、その全てが女性であった。

火事じゃない

T田さんはある夏の深夜、大きなサイレンの音で目を覚ました。

何事かと思い、窓の外をみる。斜めむかいにある戸建ての前に人だかりができており、何台もの消防車が集まっていた。だが家から火はでていないし、煙が上がっているというワケでもない。

目を凝らしながら「……火事じゃないのかな」とつぶやくと、真横から声が聞こえた。

「しょうしん、じさつ」

飛びあがるほど驚いたが、部屋にはT田さんしかいなかった。

翌日、本当に焼身自殺があったと聞いて、いよいよ怖くなった。

亡くなった住人は男性だったらしいが、T田さんは話したこともないそうである。

終業点検

残業で社内にひとり残り、深夜近くに帰り支度を始めた。

しかし、会社のルールで、最後の退出者は建屋の点検をしなくてはならない。

事務所、会議室、作業場を順番に確認し、最後に製品倉庫を懐中電灯で照らした。

そのとき、何となく戯れのつもりで「誰もいませんよね～？　いなかったら返事して下さ～い」と、暗闇に声を投げた。


――ハーイ♪

倉庫の奥から声がし、足音を鳴らしながら〈見えない何か〉が近づいてくる。

帰宅音

信子さんは友人との旅行から帰ってきて、一週間ぶりにマンションの玄関ドアを開けたとき奇妙な音を聞いた。スパークリングワインの栓を抜くような音である。

何事⁉　と照明をつけて部屋中を調べたが、音の原因はわからなかった。

翌年の正月に実家で二泊して帰ってきたときも、やはり玄関で同じ音を聞いたそうだ。

さらに翌々年の夏に恋人のマンションに連泊して帰宅したときも、まったく同じ音が部屋の奥から聞こえてきた。

ただこのときは音に続けて〈これにておわり〉という呟き込むような小さな声が響いた。

実際それ以来、彼女はこの奇妙な音を聞いたことはないそうである。

宮司の太鼓

神社では御祈祷《ごきとう》を始める前に、太鼓を叩いて合図をする。これは号鼓《ごうこ》と呼ばれ、村じゅうに届くように、たいへん大きな音を鳴り響かせる習わしだった。

六〇年以上前のこと。当時六歳だった美津子さんに弟が生まれて、お宮参りをすることになった。美津子さんの祖父は大分県国東《くにさき》半島の某神社の宮司で、孫たちのお宮参りでは自ら号鼓を打って祈祷してきた。しかし重い病に倒れ、それは叶わなくなった。

当日、両親と祖母が赤ん坊を連れてお宮参りに行き、美津子さんは祖父の枕もとで留守番を言いつかった。祖父の神社は家のすぐ隣で、そこには下位の神職をはじめ職員がおり、村人たちも何人もお参りしていたが、美津子さんは心細い思いで、寝ている祖父を注視していた。

すると、ほどなくして、祖父が布団の縁を手で小刻みに叩きはじめた。何をしているのか美津子さんが訊ねると、「太鼓を叩いちょる」と祖父は答えた。

そのとき祖父の神社では、誰も叩いていないのに、お宮参りの祈祷を告げる太鼓の音がドーンドーンと轟き渡り、美津子さんの家族を含め大勢が聞いていたという。

ケサランパサラン

その日、棗《なつめ》さんが初めて彼氏の車に乗せてもらったところ、白くてフワっとした物が視界に入った。それはウズラの卵ほどのサイズで白い毛がみっしり生えており、生き物のようだが頭や手足はないようだった。

彼女の視線を避けるようにヒュッと消えてはまた現れる正体不明の白い物は、ドライブ中ずっと車内を旋回していた。

「ねえ、なんか、綿埃《わたぼこり》の大きいやつみたいのが浮いてるよ」

思い切って言ってみたところ、彼氏は笑顔でこう応えた。

「あ、見えた？ ケサランパサラン。白粉が好きらしいから、女性が乗ると喜んで出て来るんだ。棗はラッキーだね！」

スマホで調べたところ、〈ケサランパサラン〉は彼氏の車に出没する〈あれ〉とは微妙に異なっていた。

意志を持つかのように動く〈あれ〉は、ケサランパサラン——幸運を呼ぶ生き物ではないのではないか。棗さんはそう疑っている。

前世

宏さんは昔合コンで知り合った女に「あたし人の前世が見えるんですよ」と言われたので社交辞令のつもりで「じゃあおれの前世は？」と訊いたら女は「シリアルキラー」と即答してからこう付け加えた。

「アメリカかカナダのものすごい田舎のほうで小さい男の子ばっかり狙って殺して埋めてますね、全部で五、六人」

宏さんは昔から白人の子供をいたぶり殺す夢をしょっちゅう見てうなされていることを他人に一度も話したことがなかったという。

唸り

去年の叔母の葬儀中、ゆかりさんは耳が聞こえなくなった。

読経の声が急に聞こえなくなったので、はじめは僧侶が長く沈黙しているのかと思っていたが、進行役がなにかを話し始めた時に自分の耳に異常が起きているのだと知った。

場が場なので騒ぐわけにもいかないと思い、ゆかりさんはこのことを誰にも言わなかった。他の参列者の動きを見て、自分も行動を合わせていたという。

正直、なにが起きているのかと気が気ではなかった。でも、一時的なものかもしれない。叔母をしっかり見送ってから病院に行こうと不安を抑え込んだ。

そして、出棺の前のお別れの儀。

棺に入れる花を受け取った時、ゆかりさんの耳はそれをとらえた。


……ん……んん……


唸るような声。それは、叔母の棺の中から聞こえてくる。

他の声や音は掻き消されているのに、その声だけはだんだんはっきりと聞こえてくる。

ゆかりさんは怖くて、棺に花を入れることができなかった。

葬儀場を出ると耳の異常はなくなったが、念のために耳鼻科へ行った。原因はわからなかった。

お別れの時に花をあげられなかったことを叔母は怒っているのか。

よく夢で、棺に入った叔母が現れるという。

同志

美人で聡明なのに結婚しないと公言している友人がいたという。

——そりゃモテるから遊んでいたんでしょう、と云うとその真逆だと云われた。

「本人はしたいけどダメなんだって」

何か特別な事情があるんじゃないの？　親が家柄に厳しいとか、何か特別な条件が必要だとか。すると相手は首を振った。両親はとても優しくておおらかな人だから彼女が結婚するのを待ち望んでいるのだと。何か変わったところがあるんじゃないの？　そう水を向けると、ひとつだけ……と返答があった。

一緒に遊びに出かけていたりすると時折、短い悲鳴をあげるのだという。

「大声じゃないのよ。ほんとにキャッって云うぐらい」

首を竦《すく》めた後に項《うなじ》の辺りに触れ、それから天井を眺めるのだという。

「別に何もないの……でも、とても怯えた感じになるのが変なのよ」

勿論、理由は訊いても教えてはくれない。笑って誤魔化されるのだという。

そんな彼女から結婚するという連絡があった。式の前に相手に会うと爽やかな好青年だった――しかし、彼以上の相手は今まで何人もいたはずだとも云った。

「何が決め手になったの？って訊いたの。そしたら最初ははぐらかしていたんだけど……わたしはここで諦めたら長年にわたる疑問の答えを絶対に教えて貰えないと思ってしつこくしつこくもう絶交されてもいいやと思って訊いたのね。そしたら……」

同志なの、と彼女は云った。

初めてのデートの時、彼女が例の『キャッ』をやった時、彼も目を見開いて天井と彼女の手元を凝視していた。

「実は中学に入った頃から、血が落ちてくるのね。誰にも見えないんだけど。わたしにだけはっきり見える……」

彼は彼女が手にした血痕を認めたのだ。それが決め手だった。

――なぜ、そんなことになったの？

「それだけは教えてくれなかった。ただ先祖の事情とだけしか云わなかったわね」

顔を見せる

会社員のHさんが高速道路のパーキングエリアのトイレで小用を足していると、すぐ隣に背の高い男が来て、ジッパーを下げる動作をしている。

小便器は二十基ほどあり、殆ど誰もいないのに、なぜこんなに近くにくるのだろうと思っていると、やたらとこちらを見てくる。

なんだこいつ、と思った瞬間、どこかで見覚えのある顔だと思った。

「——あっ」

誰だかわかった瞬間、頭のなかですぐに否定していた。

大学のゼミで一緒だった男に間違いないが、在学中にバイク事故で亡くなっていたからだ。それも二十年前の話である。

信じられない思いでいると、男は口元にうっすらと笑みを浮かべ、手も洗わずにトイレから出て行った。

わずか数秒のことで、小用を足すために入ってきたというより、Hさんに顔を見せにきたとしか思えなかった。

「後で思い返してみると、奴は学生時代とまったく変わってなかったんです。こっちはすっかりおじさんになっているというのに」

神妙な顔でHさんはそう語った。

遊んではいけない

ツトム君のうちに行くと、菜々美さんの息子はいつもおもちゃを壊して帰ってくる。男の子同士おもちゃを乱暴に扱うこともあるだろうが、この日は超合金のロボットが捻《ひね》り折られていて、さすがに首を傾《かし》げざるを得なかった。

幼稚園の他の友達と遊ぶ日はおもちゃは無事だし、息子は物を大切に扱う性分だ。そろそろ友人関係に口出しすべき頃合いかと思い、菜々美さんは息子に訊いてみた。

「ロボ、壊れちゃったね。誰が、どうして壊したのかなー?」

息子は目に見えてうろたえている。さらに問いかけると、息子は意を決したように口を開いたが、いきなり床に嘔吐した。

目に涙を溜めた息子は、ひとしきりえずいてからこう言った。

「それ、言っちゃだめみたい」

汚物まみれの息子の口元をハンカチでぬぐっていると、床に広がった吐瀉物《としゃぶつ》がにわかにさざ波立った。

「うちの子がフローリングに吐いた物がぽこぽこ泡立って、人の顔みたいに盛り上がってきて……」

人面にしか見えないそれは、薄く笑うと吐瀉物の中に没した。それで、菜々美さんはおぞましい何かがおもちゃを壊す犯人だと直感した。

「もう、ツトム君のうちに遊びに行っちゃいけません」

震える声でそう命じると、息子は静かに頷いた。

翌朝、息子が発熱したので幼稚園を休ませることにした。先生に連絡するついでにツトム君のことを訊くと、

〈現在、ツトムという名前の子は園にはいないと思いますよ？〉

と言われた。

熱が下がった後、息子はツトム君のことをすっかり忘れていたので、菜々美さんはホッとしたそうである。

きつねの面

　S家が家族旅行で泊まった旅館で、廊下にきつねのお面が飾ってあった。娘がひどく怖がるので前を通るときは目隠しをしてあげた。すると娘が「見えぬではないか」と野太い男の声で言った。はっとして壁のお面を見上げると、娘の声で「パパがわるいんだからねえ」と言ってきつねの面の口元が笑った。

火事が降臨

H氏は見晴らしのいいマンションの八階に住んでいる。

ある日、ベランダでタバコを吸っていると、妙なことに気が付いた。

その日は、どんよりとした曇りの日であったが、見上げた空の一か所だけ、雲に丸く穴が開いて日が差している。

「なんだか、ちょっと神聖な雰囲気を感じて」

ぼんやりとそれを眺めていたが、やがて、ぽっかり開いたその丸の下、光が差し込んでいる地上部分から黒い煙が立ち上った。どうやら火事らしく、H氏の耳にも消防車のサイレンが聞こえてくる。

「なんとなくだけど、あの辺に住んでいた人にバチが当たったんだな、って思った」

複数の死者が出たと後日、地元紙で報道されたそうだ。

荷物

深夜、手をあげている女性をみつけたU田さんは、タクシーを停車させた。

女性は布に包まれた四角い箱を抱えており、住所の書かれた紙とお金を渡して「ここに荷物だけ届けてもらえないでしょうか」と頼んできた。U田さんが了承すると、女性は「よろしく……お願いします」と頭をさげて、荷物をゆっくりと後部座席に置く。

ナビに住所を入れると、U田さんはタクシーを発進させた。


到着した場所は寺院だった。門の前に住職が待っており「ご苦労さまです」と荷物を受け取った。U田さんが「その荷物は？」と尋ねると、住職は「骨壺です」と答える。

「……一応すこしだけ、お経をあげますね」

住職の読経を運転席で聞いて寺院をあとにした。とても仕事を続ける気になれず、そのまま帰宅することにした。

荷物を運んでいるあいだ後部座席から、おんなの泣き声が聞こえていたのだ。

赤いエプロン

山形さんは、保育園での出来事をひとつだけ鮮明に覚えている。

その保育園では、昼寝の時間になると暗くした部屋に布団を敷き詰め、全員一斉に眠ることになっていた。

山形さんは昼寝が嫌いだったため、とりあえず横になって寝たふりをしていた。

ある日のこと。ふと薄目を開けると、見覚えの無い真っ赤なエプロンの女の人がいた。

その人は子供たちの枕元に真っ直ぐ立ち、首だけを直角に曲げて寝顔を見つめている。

山形さんは怖くてたまらなくなり、部屋から逃げ出した。

追いかけてきた園長先生に向かって山形さんは、赤いエプロンの人が怖いから嫌だと訴えたそうだ。

園長先生は慌てて昼寝の部屋へ向かい、その日の昼寝は中止となった。

翌日、見たこともない男の人が三人も来て、昼寝の部屋で何かを始めた。

大人になった今では、その人たちがお経をあげに来た僧侶だとわかる。

そこまでやったのだが、結局その後、昼寝の時間は中止になったという。

鼻

美希さんの実家が建て直される前、玄関脇の部屋にいるとよく家に誰かが入ってくる気配を感じた。見にいくとドアは施錠されているし家族も帰ってきていないが、三和土《たたき》に並ぶ靴やサンダルの位置が乱れている。美希さんの一家はみんなかなり几帳面できちんと揃えて靴を脱ぐのに、そのときだけは蹴散らかされたように裏返ったり重なったりしているのだ。

なぜか美希さん以外に同様の体験をした家族はいなかったが、弟だけはその部屋で昼寝するとよく怖い夢を見ると言っていた。

鼻だけが上下さかさまについている女の顔が、超アップで延々と笑っている夢らしい。

ドメスティック

『ちくしょうっ！　くそっ！　くそがっ！』

クレープ屋を営むNさんの眼前を、悪態を吐きながらサラリーマンが通り過ぎる。

異様に眼が血走ったその男は、向かいの団地の階段を上り、二階の一室に消えた。

やがて、『てめえら、ぶっ殺すぞっ！』と、物騒な怒声が周囲に轟《とどろ》いた。

「でも、それだけなら〈DVでもしてるのかな〉って、思うだけなんだけど」

翌日、男は昨日とは違う階段を上り、五階にある部屋に入っていった。

次の日は、別の棟の三階だった。

やはり部屋の中からは、狂ったような怒鳴《どな》り声が聞こえてきたのだという。

不思議に思い、団地からクレープを買いにきたお客さんに、それとなく訊ねてみた。

「――そんな変な人、見たことないけど？」と、鼻先で笑われた。

いまでもその男は、毎日違う部屋に入り込み、怒鳴り声を撒き散らしている。

砂

四〇年前、私が小四の頃に同級生の妹が大型トラックと乗用車による交通事故に巻き込まれて亡くなった。夏休みの出来事だったが、件の同級生と親しかった男子数人がお通夜に参加した。二学期になると、その子たちがお通夜で見たことに尾鰭《おひれ》をつけて学校で話したせいで、こんな噂が流れるようになった。

――轢《ひ》き殺された女の子は顔が潰れていたので、棺の窓が開けられなかった。

――同級生の家の前の道路には、約五〇メートルにわたって砂が撒かれていた。あれは血糊の痕を隠すため。

いずれも半ばは男の子たちの妄想。砂については破損した車から漏れたオイルによるスリップ防止に撒かれるものだから事実と異なる。

しかし、やがて無惨に潰れた顔をした女の子の幽霊を見たと言う生徒が続々と現れた。その幽霊は必ず砂を落としていくと言われ、廊下や教室の隅など校舎の至るところに本当に砂がバラ撒かれるようになった。誰の仕業かわからず、幽霊の砂だとされた。

タクシー幽霊

と言っても、日本の有名な話ではない。舞台はギリシャである。

アテネ北部マローシでは、タクシー運転手の多くが幽霊を目撃している。出現するのは町外れにある墓地付近で、深夜に車を走らせていると、バックミラーに泣いている女の子が映るのだという。

「こんな夜中にどうしたんだろう」と思いつつ視線を前に戻し、気になってもう一度バックミラーを見ると女の子は消えている。時間にして二、三秒。付近には隠れる場所などない。

これだけなら「見間違いだよ」と笑えるかもしれない。しかし、地元紙が調査した結果、ドライバー同士では情報を共有していないにもかかわらず、目撃者のほぼ全員が「消えた女の子の名はアンナだ」と証言したのである。

なぜ彼らは、互いに話したわけでもないのにおなじ名前を口にしたのか。そもそも、どうしてその名前を知っているのか。

原因はわかっていない。

埋葬

二谷さんが中学生のころ、飼っていたオカメインコが急死した。

ペットショップからは十年以上生きますよといわれて購入を決めたのに、買って三カ月足らずで寿命が尽きてしまった。死因は不明で、死ぬ前夜にひどく暴れていたという。

死体は住んでいた団地の裏の植木の根元に埋めた。

それから半月ほど経った日曜日。

運動部だった二谷さんは他校との試合でその日は帰りが遅くなった。十九時はまわっていたという。

駐輪場に自転車を置いて自宅へ向かっていると、団地の裏の暗がりに小学生くらいの男の子が数人、なにかを囲んで屈みこんでいる。そこはオカメインコを埋めた植木のある場所だった。

「なにしてんの？」と声をかけながら近寄ると、一人の子が二谷さんに振り返って「ここの土がもこもこ動く」のだという。

その子が指さしているのは、まさに自分がインコを埋めた場所だった。

しかし、二谷さんが見た時は、土は動いていなかった。土からは真っ青な人の指のようなものが二本、ツクシのように突き出ていた。

びっくりして、「それなーに」と聞くと、小学生たちは土の中に死体があるのだと興奮気味に伝えてきた。

二谷さんはこのことをすぐに親に伝えなければと急いで帰った。

それから、親とどんなやりとりをしたかは忘れてしまったそうだが、警察を呼ぶとか、親を連れて見に行くとか、そういう展開にはならなかった。

十年以上経った今もその時のことをたまに思い返すといい、土から出ていた指のようなものと、それを囲む小学生たちのことを考えると、なにやら不吉な想像をしてしまうのだそうだ。

これまでの経緯

その町の山沿い、かなり奥まった所にE氏は住んでいる。

昨年、彼の家の近所にある林道が整備され観光スポットとして宣伝された。

小川が流れ、花を咲かせる野草が群生するなど、美しい場所ではあるのだという。

しかし、中心市街からはアクセスが悪いためか一般の観光客は殆ど寄り付かない。

ただ、夜中に小うるさい若者グループがぞろぞろとやってくることが多くはなった。

もちろん小川や野草を見に来るのではない。

「この一帯は、縄文時代の遺跡があったり、何百年か前の古戦場であったり、つい十数年前は練炭自殺が多発したりしてね、見た目とは裏腹に結構縁起の悪い土地なんだよ」

夜中、E氏が自宅で眠っていると、大きな叫び声が聞こえることがある。それが、肝試しにやってきた若者たちのものなのか何なのかわからないし、興味もないと彼は言う。今に始まったことでもなく、大雨の日でも雪の日でも聞こえる時は聞こえるそうだ。

猫バンバン

息が白くなるほど寒い朝、美優さんが車を出そうとすると「なあなあ」と車の前方から鳴き声が聞こえた。車の中に入り込んだ猫かなと思いボンネットを開けると、エンジンの横に女の生首がちょこんとある。

美優さんはとっさにボンネットを閉めた。だが、やはり車の中から「なあなあ」と声がするため、父親を呼んだ。

ボンネットを開けた父親は、「あっ!」と悲鳴を上げた。即座にボンネットを閉めると、父親は尻餅をついた。

エンジンルームいっぱいに広がった巨大な女の顔にじろりと睨まれたのだと父親は言うが、同時に美優さんは違う物を見た。父親がボンネットを開けたとき、エンジンルームから猫一匹ほどの分量の白い蒸気が、ゆらりと立ち昇って消えたのだ。

父娘が一緒にもう一度ボンネットを開いたところ、そこには機械が詰まっているだけで、猫そっくりな鳴き声は聞こえなくなっていた。

その車は新車で購入して以来、女性はおろか猫を轢いたこともなかったが、気味悪いので下取りに出してしまった。

五月人形

Tさんに息子が生まれ、それを喜んだ彼の父親が、ある日、五月人形を買ってきた。

どこに飾ろうか夫婦で悩んだ末、吹き抜けになった玄関の、靴入れのうえのスペースに置くことにした。


五月も半ばを過ぎた頃、そろそろ五月人形をしまおうと思い立った。が、かなり高い位置に飾っているので、下に降ろす際に不用意に落としてしまいかねない。収納場所もないので、片付けずに人形の入ったケースのうえへ埃がつかないように白布を被せておくことにした。


すると、その年の冬の初めにTさんの父親が心筋梗塞で急に亡くなってしまった。

還暦を迎えたばかりで、これから老後を愉しむんだ、といっていたのが思い出された。

「お義父《とう》さんが生きている間に孫の顔を見せられたから、それだけはよかったよね」

そういって妻は慰めてくれた。

寒い冬も終わり、日増しに暖かくなってきたので、端午《たんご》の節句《せっく》に向けて、約一年ぶりに人形ケースに被せた布を取ることにした。

白布を取った瞬間、Tさんは愕きのあまり、脚立の天板から落ちてしまった。

「人形の顔が、親父の顔になっていたんですよ」

物音に気づいて駆けつけた妻に人形の顔を見るようにいったが、なにも変わったところはないという。そんなはずはないと、躯をさすりながら再び脚立に上ってみると、人形の顔は普通の五月人形のものだった。

「親父の顔だったのは、絶対に間違いないんです。柔和とはかけ離れた、生きているときも見せたことのないような、険しいというか苦しそうな表情だったのが、すごく気になるんですけど――」

そうTさんは語る。

気づき

有馬さんは先日、盛んに鳴き続ける猫の声に参っていた。

「盛りの時期でもないのに……夜中じゅう、ニャーニャーか細い声で鳴くのよ」

部屋が二階なので余計に耳に障った。これがもっと上の階であったなら無視もできたのに、もともと猫が大好きで実家ではいつも二匹から三匹の猫がいた。ゆえに声を聞くと忌《い》ま忌《い》ましさよりも可愛さが蘇り、無視して寝るのが大変だった。

四日目の晩、とうとう忍耐の限界が訪れた。

「もうダメだ！」

そう呟いた彼女はスマホの灯を頼りに当の猫を探して歩いた。

「捕まえる気なんかないんです。ただ無事なのか、どうなのかだけ確認したくて……」

するとマンション裏の露地に来たとき、突然、声が近くなった。

彼女は猫に話しかけるように『どこ？　どうしたの？　おまえ』と告げて歩いた。

と、猫の声が甘えるようなトーンに変化したのだという。

猫は彼女の声に反応した。

『どこ？　どこなの？』

露地に出ると、声が耳元と云っても良い近くでした。

が、見回しても猫の姿はどこにもなかった。

怖がって隠れているのかもしれない。

小腰を屈めて塀の隙間を覗こうとした途端、耳元で『にゃいん』と云った。

サンダルの傍、毛の固まりが道路に貼り付いていた。

『にゃいん』声はそこからしていた。

見るとゆっくりと息をするように毛皮が上下している。

が、車に轢かれた成れの果てであろうそれは、既に猫の形すらしていない。

『にゃいん……』もうひと声、そう鳴くと、それぎり声は途絶えた。

翌日、彼女は貼り付いた死骸を剥がし、きちんと処理をして貰おうと保健所に持ち込んだという。後日、あれほどうるさかった猫の声を隣室の人は誰も聞こえなかったと教えられた彼女は大いに驚いたという。

人神、歩く

過疎化の進む僻地《へきち》の村に営業に行った、関さんの体験である。

その村には、土地の神様を祀《まつ》る一族がおり、その一族の家長にあたる者は生涯村の外に出ることはない。その話を聞いた関さんは本当かどうか試したくなった。そこで、その一族の跡取り息子を説得し、村の外れまでともに歩いてみることにした。

まだ十代の跡取り息子の手を引いて、ひたすら歩くと道祖神が見えてきた。息子によれば、その石像が村の境界であるという。

あれさえ越えれば、と関さんは意気込んで道祖神に歩み寄ろうとしたが、距離はちっとも縮まらない。足を動かしてもするするムーンウォークの如く後ろに滑ってしまい、前に進むことができないのである。

ならば、と跡取り息子の手をほどいて関さん一人であれば、すたすたと道祖神まで容易にたどり着く。何度試しても結果は同じだった。

ややや、と関さんが首をひねっていると、「だから、言った通りでしょう」と跡取り息子は嫣然《えんぜん》と笑った。

人神、乗る

絶対に村から出ることができないという少年を、遊び半分で村から連れ出そうとした関さん。徒歩での越境に失敗したので、次は車に乗せてみたという。

信仰の対象となっている子供に対しての蛮行だったが、尊敬以上に畏れ忌まれているせいか、跡取り息子が良いといえば反対する村人はいなかった。

問題の少年を助手席に乗せ、ドライブ開始。先ほどトライした道祖神が見えてきた。今度こそ成功かと思いきや、道祖神の手前で車は砂場に突入したようにスタックした。

タイヤが空回りしているようで、いくらアクセルをふかしても車は全く前に進んでくれない。ならば、とバックするとこれはスイスイできるので、さすがの関さんも諦めて粛々《しゅくしゅく》と少年を家まで送り届けたという。

「何十年も前のことさ、あの村はもうない。神の一族は絶えてしまったんだ」

関さんが村を離れるとき、跡取り息子は〈私は神のように崇められているけれど、本当は贄《にえ》のような存在なんです〉と打ち明けてくれた。そのときの少年の凛々しい佇まいは一生忘れられない、宝物のような記憶なのだと関さんは語った。

悪癖

二年前、莉乃さんは二回り年上の浦部という男と交際をしていた。

彼には急に笑い出すという癖があった。

直前に漫才を見ていたとか漫画を読んでいたとか、なにかしら笑える要因があるわけでもなく、なんの脈絡もなく唐突に、ゲラゲラと腹を抱えて笑い転げるのである。

付き合った当初はびっくりして、それが起こるたびに「どうしたの？」とたずねていたが、浦部は思い出し笑いをしただけだと答えていた。

思い出し笑いにしては、あまりに突発的で激しい。莉乃さんはだんだん自分が笑われているような不快な気持ちになり、その感情が積もりに積もったある時、「いいかげんにして！　なにがそんなにおかしいの？」と、浦部に怒りと疑問をぶつけた。

仕方がないだろ、と浦部は悪びれもせず、とんでもない理由を告白した。

「後ろにいるヤツが、俺のことをくすぐってくるんだよ」

彼がいうには、ときどき「背後霊」が後ろからイタズラしてくるのだという。

「背後霊」という言葉を莉乃さんは知らなかった。これは世代の違いだろう。最近では怪談業界でも使われていない言葉だ。

背後に立つ霊のことだよと説明されて理解はできたが、納得はできない。

別れ話を切り出すと浦部は顔色を変えて謝ってきたが、その最中にもキシシシッと笑いだして悶え転がりだしたので、その日に関係を断ったという。

別れてから数日後、浦部の知人からケータイに連絡があった。彼が実家に帰ったという。

「あいつ、莉乃ちゃんのこと、すごく恨んでたよ」

なにもしないとは思うけど、一応気をつけておいてほしいと心配していた。

その後、莉乃さんは背後に気配を感じることがたびたびあった。

万が一のためにスタンガンを持ち歩いていたが、気配はなにをしてくるわけでもなく、たまに笑いをこらえる様な「くくっ」という声を聞かせ、甘いにおいをさせてきた。浦部がよく吸っていたガラムというインドネシア産の煙草のにおいだった。

「生きてるのか死んでるのかわからないけど、後ろに彼がいる気がするんです」

莉乃さんは今も、後ろからくすぐられるのではないかと恐れている。

正面衝突

その日、怪談収集家の桜井氏は取材相手の学生と居酒屋に入った。

学生は、古い団地で経験した話をするという。住民が僅か五世帯の今にも崩れ落ちそうな団地だ。空き室になっている最上階のベランダに人影が立つらしい。

見張りを続けて二時間ほど過ぎた頃、ベランダに人影が現れた。

身を乗り出して下を覗き込んでいるように見える。ここでその学生は無茶な行動に出た。人影が立つベランダの下に立ち、カメラを向けたのである。次の瞬間、人影が学生目掛けて飛び降りてきたという。そこまで話していた学生が、いきなり席を立った。

「え。どうしたの」

声をかける桜井氏を無視して、無表情のまま店を出ようとしている。

「いやいやいや、ちょっと待ってよ」

慌てて追いかけようとしたのだが、店員に止められてしまった。

支払いを済ませ、店を出た時には既に見当たらなかった。

その場で電話をかけたが繋がらない。三日後、桜井氏は学生が投身自殺したことを知った。

年寄り雛

Yさんが小学校低学年のころ。

仲良しだった友達の家に招かれ、雛《ひな》祭りを一緒に祝った。

友達は古い旧家の娘で、広い座敷には立派な七段飾りの雛人形。

ただ、お雛様の顔が、どうみてもお姫様のそれではない。

酷く年老いた、老人の顔に見える。

不思議に思い、悪気なくそう述べると、顔色を変えたのは友人の母親。

雛あられを一袋握らされ、そのままYさんだけ家を追い出された。

後日「Yちゃんは『わかる子』だから遊んではダメ」と母親から言われたのだと、友達は言い、それ以来ほとんど口をきくことも無くなった。

因果は不明だが、その友達は、中学校に上がる前に亡くなってしまったそうだ。

ある事故の話

オーストラリアの地方紙「エイジ・ビクトリア」に二〇一六年、なんとも奇妙な記事が掲載された。

ビクトリア州の高速道路で明け方、トラックと四輪駆動車が正面衝突、この事故で四輪駆動車のドライバーは即死、助手席の男性も意識不明の重体になった。いっぽうのトラックは炎上し、ドライバーは焼けた車内にいるものと思われていた。

ところが二日後の明け方、トラック運転手は事故現場から十六キロ離れた農家の農機具小屋にいるところを発見されたのである。彼は大怪我と火傷《やけど》を負っている状態で、どう考えても十六キロもの距離を自力で移動できる状態ではなかったという。

地元警察は「四輪駆動車が対抗車線にはみだしたこと」が事故の原因とみているが、現場はまっすぐな一本道で、障害になるようなものは無かった。

では、四輪駆動車はなにを避けようとして事故を起こしたのか。そして、トラックのドライバーはどうやって瀕死《ひんし》の身体で十六キロを移動したのか。二年が経ったいまも、真相を突きとめたという続報は届いていない。

時間差

夏のある晩、会社員の俊彦さんが布団に入って目を瞑《つむ》ると、激しい水音が聞こえてきた。ゴーッと流れる川の轟音にバチャバチャと水面を叩くような音が混ざった、かなり大きな音だったが、家の近くに川などはない。目を開けても音は止まなかったが、布団から出ると急に止んだ。しかし寝ようとすると再び聞こえてくる。

結局、一睡も出来ないまま翌日を迎え、昨夜の水音はいったい何だったのかと思っていたら、三つ上の従兄が、今朝、川で行方不明になったという知らせが届いた。

残念なことに、間もなく従兄は川下で遺体となって発見された。

死の間際に従兄が聞くことになる水音を、他界する数時間前に俊彦さんが聞いた——ということになるのだろうか。

引っ越し

自殺した霊が出る家が解体されたら、その霊はどうするだろう。

常日頃、林田さんが抱えていた疑問だ。

林田さん自身は、家が無くなると霊も消えると思っていた。

そのような奇妙な疑問を持つのには理由がある。

林田さん宅の隣家が正にそういった状況なのだ。

借金と持病で苦しんだ挙句、当主が年老いた母親を道連れにして自殺したのが三年前。

その当主と母親、両方が出るのである。遊び半分で肝試しに入った者が何人も目撃していた。自殺現場となった寝室で、お互いに睨み合っているという。

不動産屋が売却を諦めてから荒れ放題だったが、今年に入ってマンションの建設計画が持ち上がった。件の家は取り壊しが決まり、来週から解体作業が始まる。

不謹慎ながら、林田さんは作業を心待ちにしていた。

結果として、親子は消えなかった。その場に居続けたりもしない。

親子は、林田さんの家の寝室に引っ越してきたそうだ。

気のせい

（洗濯物をとりこむのを忘れていた）

深夜に思いだしてベランダの戸を開けると、見知らぬおんなの子が座っている。悲鳴をあげ後ろにさがると、その子は嬉しそうに笑って立ちあがり部屋のなかに入って消えた。

幻覚だ、気のせいだ——そう思うことにした。

その夜からときどき、部屋で視線を感じるのも気のせいだ。

優しいオーブ

同僚の渡辺の趣味は、風景写真だ。週明けの昼休みに、奇妙なものが撮れたと自慢を始めた。見ると、薄暗い森の中に光の球体が幾つか浮かんでいる。

「オーブっていうんだ。目と口があるだろ。皆、優し気に笑っているように見えないか」

確かに、陰影がそう見えなくもない。渡辺は、自然を愛する心があれば誰にでも撮れると言う。

皆に感心されたのが余程嬉しかったのか、渡辺はそれ以降もオーブを狙い続けた。が、撮れたのは最初の一度きり。愛が足りないのでは等と揶揄《やゆ》され、渡辺は分別を失った。オーブは霊体だと信じ、自殺の名所を訪ねて撮影するようになったのだ。

不味いことに、そうすることで何度かオーブが撮れてしまったらしい。ますますのめり込んだ渡辺は、唐突に会社を辞めた。辞める前日、渡辺は最新作を見せてくれた。

自分の部屋だという。室内は無数のオーブに埋め尽くされていた。

そのオーブの中には、人の生首とハッキリわかるものも数体混ざっていた。

蜜躑躅《みつつつじ》

「舐めてみろ。甘いぞ」と唆され、放課後に花壇のつつじを毟《むし》った。
確かにほんのりと甘く、また花が甘いという未知の体験に心が躍る。
夢中になり、次々とつつじの花弁を吸った。
すると、同じ花壇の反対側の端に、女の子がしゃがみ込んでいることに気づく。
その子もつつじを吸っているのだろうか、指先に赤い色が見えた。
〈横取りされたくない〉と、幼い心に独占欲が逸《はや》る。
むきになって吸っていると、「お前っ、何やってんだよ！」と怒鳴られた。
振り向くと、クラスの学級委員が睨んでいる。
「いや、あの子だって」と、責任転嫁に指をさしたが、誰もいなかった。
〈変だな〉と近寄ると、女の子がいた花壇には花を毟られた跡がない。
その代わり——植え込みの地面に、猫が死んでいた。
息絶えて間もないのだろう、腸のはみ出した腹部には鮮血が溜まっている。
〈指先は、つつじの赤じゃなかったんだ〉と気がつき、ぞっとした。

包丁を持った男

　インフルエンザで寝込んでいたとき登さんは部屋の天井板がずれて包丁を持った老人が覗き込んでいるのを見た。リアルな幻覚だなと思っていると老人は部屋に下りてきて登さんの横を通って玄関から出ていった。悲鳴が聞こえたので飛び起きて外へ出てみると、夢の老人とは似ても似つかない若い男性が家の前で自分の頸動脈を切っていた。

　亡くなったのは近所に住むメンタルを病んだ大学生で、コンビニで買ったばかりの包丁で衝動的に自殺を図ったらしい。もちろん登さんの部屋の天井に人が侵入した形跡は何もなかった。

お迎え

櫂《かい》さんは貯金に退職金を足して念願のタワーマンションを購入した。

最上階では窓さえ閉めれば地上の雑多な生活音はほとんど聞こえなくなり、櫂さんは夫婦で静かな隠居生活を楽しんでいた。

そんなある日、部屋でくつろいでいると救急車のサイレンが聞こえてきた。

心騒がせるサイレンは、ピーポーピーポーと騒々しく近づいてくる。

「ここに越してから、こんなに騒音するのって初めてじゃない？」

妻がカーテンを開いて確認すると、窓は全て締め切られていた。

「五十階だぞ。地上の音は拡散するから、これほどうるさいわけがない」

双眼鏡を手に取り下界を見下ろしても、救急車はどこにも見当たらない。

異常なボリュームで鳴り響くサイレンの音が耳元で急に変調した。

今まさにサイレンが通り過ぎたと感じた直後、櫂さんの背後でドサリと妻が倒れた。

急いで救急車を呼んだけれども妻は助からなかった。電話で呼んだ本物の救急車のサイレンは、頼りないほどかすかにしか聞こえなかったという。

見知らぬ団地

照彦さんは知人のＦ氏の通夜の帰りにタクシーの中で眠ってしまい、気がついたら全然知らない団地に車が止まっていたことがあった。

運転手は「お客さんの指示通りに来ましたよ」と譲らないし、照彦さんも寝言を言ったり寝ぼけて知人に電話するなどの癖があるのを自覚していたので、しかたなくそこからふたたび自宅へ向かってもらい、一時間近く余計にかかって帰宅した。

そのとき迷い込んだのがＦ氏が幼少時を過ごした団地だったことを照彦さんが知ったのは、通夜の晩から数年後のことだった。

養分

飯干さんの住んでいるマンションには中庭があり、そこには広い花壇がある。

元々は半分ほどの大きさだったのだが数年前、女子高生がふたり連れ立って投身自殺をし、揃って花壇の脇に落ちたので広げたのだ。

女子高生が着地した部分には管理会社の許可を得て、今も遺族が花を植えている。

綺麗な花がたくさん咲くのだが、何故か香りは腐臭に近いという。

パワスポ

その日、桂さんは婚活サイトでマッチングした男性と初めて会う予定だった。彼との約束は正午、レストランに二名で予約を入れていた。

「条件のとても良い男性と初デートにあたり、婚活の成功を神様に祈願しておこうと」

気合いを入れた桂さんが神社に着いたのは、朝九時前のこと。早朝のため、境内にほとんど人の姿はない。

澄んだ空気を胸いっぱいに吸いこんで境内を闊歩《かっぽ》する桂さん。彼女のお目当てはこの神社の名物、ノミで打つと血を流す石から作られたという謂《いわ》れを持つ石像だった。

舗装されていない道を歩いていくと、石畳の上に巨岩の如き外見の石仏が見えてきた。

「もう一目見て心をつかまれました。あの妙なるお姿……」

誰もいないのをいいことに、石像の周囲を歩き回ってじっくり観察する。

心ゆくまで石像を眺め、満足した桂さんは〈よろずうまくいきますように〉と幸福を祈願してから踵《きびす》を返した。

本殿に戻ると辺りは観光客が増えており、制服姿の学生もちらほらいる。

早朝らしからぬ日の高さが気になって、桂さんは腕時計を見た。

「午後三時でした。石仏を観察していた体感時間、ほんの三十分くらいだったんですが」

不思議と肉体疲労は感じないのに六時間も経過していた。

彼女は不本意ながらレストランの予約をすっぽかすことになり、携帯には彼からの着信履歴やメールが幾つも残されていた。

「彼に連絡して説明したんですけど、ふざけてるのか！　って怒られて、その場でふられちゃいました」

婚活の成功を祈ったはずが、破局を招くとはどうしたことか。しばらく神社を恨んでいた桂さんだったが、ある日、新聞を開いて認識を改めることになった。

「彼の写真が、結婚詐欺師として報じられていまして……」

その男性は複数の女性と交際しては結婚を餌に金銭を巻き上げていた。無論、婚活サイトのプロフに書かれていた経歴や職業、収入も全て偽りだったという。

「時が飛んでデートをドタキャンしたから、詐欺師と付き合わずに済んだんですよ」

桂さんは神社のご利益に感謝して、先日お礼参りをしてきた。そのときも、どういうわけか十五分ほど時間が飛んだのだが、このとき何の災厄から守られたのかは不明である。

半裸の男

Mさんの地元にはかつて多くの映画館があったが、時代の趨勢《すうせい》で今では殆どがなくなってしまったそうである。

高校時代、デートといえば映画を観に行くことぐらいだったが、Mさんがよく通っていた映画館には、ここでデートをしたカップルは別れるという噂があった。

確かに話題の恋愛ものやコメディー作品を観ても、少しも楽しくならず陰鬱な気分にしかならない。実際Mさんも、連れていった交際相手とは長く続くことはなかったそうだ。

その映画館は昭和三十年代に建てられた暗く湿っぽい陰気な建物で、そのことが心理面に影響を及ぼすのではないかと思われたが、もしそれが原因だとしたら、よほどのことである。そんなことなら他の映画館に行けばよさそうなものだが、妙に惹かれるところがあったのも事実だという。

そうしたある日、Mさんは奇妙な体験をした。

上映中に催して便所で用を足していると、背後で何かけはいがする。思わず振り向くと、浅黒い肌をしてひどく痩せこけた半裸のような男が壁のほうを向いて立っている。壁と男の距離はわずか十センチほどなので、一体こんなところで何をしているのだろうと思ったら、そのまま壁の中に吸い込まれるようにして消えてしまった。とても信じられないが、この眼で見たとあって間違いない。

それからというもの、似たような体験をした者が続出した。

ある男子学生はフロントのベンチに腰掛けている半裸のがっちりとした浅黒い男を見たといった。それが思わず鼻を摘んでしまうほどの臭いを発していたのだという。

また別の者は、映画を観ている最中にふと異臭を感じたので、横のほうを見ると、ふたつ隣の席にやけに小柄な、これもまた半裸の男が座っていたという。

それらはMさんの見た男と同一人物ではないかと感じたが、彼らが見たのは体格のがっちりしたのと小柄な男だというので、どうやら別人と思われた。

結局、謎の男たちの正体は判らないまま高校を卒業し、そこに行くこともなくなったが、それから五年ほどして映画館は閉じてしまったとのことだ。

最近になってMさんは江戸時代の地元の古地図を手に入れたそうだが、映画館のあったところをなにげなく見たところ、まさにその場所に獄舎があったことが判ったそうである。

祖母の専門

現在七十代のIさんが子供の頃の話。

彼女の祖母は、毎年お盆の時期になると「えなながし」というものをしていた。

小さく穴をあけたタライに綿を敷き詰め、その上に子供の人形を置いて川に流す。

やがて水没してしまうタライに向かい、祖母は、じっと手を合わせる。

なぜかその場に必ず立ち会わされたIさんも、祖母に倣《なら》って目を瞑《つむ》り手を合わせていたが、その間、どこからともなく赤ちゃんの泣き声が聞こえてきたものだと語る。

「えな」は恐らく「胞衣」。

一般的には胎盤《たいばん》や卵膜《らんまく》など、出産の際に胎児と共に母体から排出されるものを指す。

Iさんの祖母は非常に腕の良い産婆であったが、当時、既に引退しており、産婆だった頃の話をするのを非常に嫌がったそうだ。そんな時は決まって「(子供を)とり上げるだけだったら、オラでねくてもよかったんだ」と、悲しそうに呟いたという。

なぜベルは鳴ったのか

一九七八年八月、当時ローマ教皇であったパウロ六世は、イタリアのカステル・ガルフォンドの別荘で息を引き取ろうとしていた。その命が途絶えようというまさにそのとき、ベッド脇の机に置かれていた目覚まし時計が、突如として激しく鳴りだした。

目覚まし時計は半世紀ほど前に教皇自身がポーランドで買い求めた品で、購入以来、毎朝六時の起床に利用されてきたものだった。つまり目覚ましの針は一度たりとも動かされたことがなかったのだ。

にもかかわらず、ベルは鳴った。

夜の九時四十分、教皇が死亡する直前に。

この話はいまでもバチカンの関係者がことあるごとに語っている、非常に有名なエピソードだそうだ。

ちなみにパウロ六世は、生前から「替え玉説」がまことしやかに囁かれた教皇でもあった。事実、いくつかの写真を比べてみると、明らかに鼻や耳の形が異なって見える。生前も死後も、多くの謎を残した人物なのだ。

謀殺か神の意志か

前述したパウロ六世のあとを継いだのがヨハネ・パウロ一世である。

もっともヨハネ・パウロ一世がカトリックの最高指導者であった期間は非常に短い。法王に就任してわずか三十三日で、この世を去ったからだ。

その死因については、いまも多くの疑問が残されている。死後まもなく、「法王はバチカン法王庁によって毒殺された」という噂が流れたのである。

法王には持病などなかったこと、にもかかわらず検視がおこなわれていないこと、そして死亡から二十四時間後というきわめて短いタイミングで防腐処置が施されたこと（防腐処置をすると毒物の検出は困難になってしまう）など、「毒設された」とする数多くの根拠が提示されている。もちろんカトリック関係者はその説を否定しているが、いっぽうでは更にミステリアスな別の説も囁かれている。

ヨハネ・パウロ一世は一九七七年、ファティマの修道院を訪れている。聖母マリアの再臨を目撃したと主張する修道女と会うためだった。ところが、法王の実弟によれば「修道女と会談を終えたパウロ一世は非常に取り乱し、真っ青な顔をしていた」というのだ。

修道女は聖母マリアから聞いた言葉として「あなたが法王に就任しても、短命に終わるでしょう」と伝えたとされている。つまり、ヨハネ・パウロの死は神の導きによるもので、彼自身も自らの死期を知っていたことになる。

それが真実か否かを伝える証拠は、法王が代々書き残すことになっている「遺言状」のみである。しかし不思議なことに、この遺言状も（法王のベッド脇に置かれていたことが判明しているにもかかわらず）現在にいたるまで発見されていない。

個人情報

上野さんの自宅近くに大きな橋がある。昨年の夏頃、そのたもとに老人が住み着いた。

地域住民に迷惑をかけぬよう気を使い、ひっそりと暮らしているため、特に問題にする者はいなかった。

今年に入って間もなく、老人は死んでいるのを発見された。

数日後、上野さんが橋を渡ろうとした時のことだ。

誰かに話しかけられた気がして、上野さんは立ち止まった。

その瞬間、頭の中に大量の情報が流れ込んできたという。

生年月日、住所、氏名、家族の名前と連絡先。知り得たのは、それだけではない。

十二年前にギャンブルが原因で闇金に手を出し、その挙句に職を失い、家族に見放され、逃げ出した。ここで死んでしまったが、どうしても故郷で眠りたい。

上野さんは、一瞬にしてそこまで把握できたという。

哀れとは思うが、赤の他人に何かする義理はない。

上野さんは無視することに決めた。

嫌悪

台所でちぃさな黒い影がシンクを横切った。
ゴキブリかと思って殺虫剤を手にコンロの隙間をのぞく。
細木のような腕がすばやく伸びてきて、手に持った殺虫剤を払い落とした。

屋根の上

ある日のこと、帰宅した大坪さんは、自宅前で不審な男を見つけた。

男は、大坪さんの家の屋根を撮影しているようだ。

何をしているか問い詰めると、男は単なる通りすがりだと名乗った。

草花や小鳥の撮影を趣味にしており、大坪さんの庭に咲く梅を撮っていたらしい。

ところが、屋根の上におかしなものが写っていたため、何枚か連続して撮影したという。

見せて欲しいと頼むと、申し訳なさそうに男は液晶画面を見せた。

屋根の上に四つん這いの女がいる。

大きく開けた口から、異様に長い舌を垂らしていた。

階段

友達の家に泊めて貰い、夜中、尿意に目を覚ました。

家人を起こさぬよう、静かに襖《ふすま》を開けて階段を下る。

すると――背後に気配を感じた。

振り向くと、さっき自分が出てきたばかりの友人の部屋から、顔が覗いている。

小学生くらいの、髪をツインテールにした女の子が、顔を真横に突き出していた。

が、この家に女の子はいない。

薄暗い階段の途中、動けなくなった。

翌朝、友達に「お前……昨日の夜、女装した?」と聞くと、黙ったまま〈ボカリ〉とやられた。

召喚

宏一さんは高校三年の頃に父を亡くしている。

父は昔から身体が弱くて入退院を繰り返していたが、亡くなる半年前は身体の調子がすこぶるよく、その頃は二人でよく自転車に乗って近所の釣り堀にいったという。

釣り堀は山の中にあり、途中の道に金網フェンスに囲まれた一軒の汚いあばら家が建っていた。

かなり古そうな平屋で、白い外壁のところどころに糞でもなすりつけたような汚れがあり、窓も扉もない。そのような家なので当然、人は住んでいなかった。


ある日、父と釣り堀に向かっていると不思議な光景を目にした。

あばら家の玄関口から、小学生くらいの子供が飛びだしてきたのだ。

しかも一人や二人ではない。五人、六人と次々と出てくる。

思わず宏一さんは自転車を止め、先に行く父親を呼び止めた。

少し離れた場所から父と一緒に様子を見ていると、小さい家のどこにそんなスペースがあるのか、子供たちがどんどん出てくる。おそらくこの時点で十人以上はいたという。

子供たちは玄関を出ると、家を囲う金網フェンスに向かって走っていく。そして、フェンスを乗り越えるわけでもなく、金網をすり抜けるようにして、その奥の林の中へと消えていく。

「見ちゃいかんもんを見たな」

父はまるで毒気にあてられたような顔でその光景を見ていた。

後日、宏一さんは友人二人を連れて、件のあばら家へ入ってみたそうだ。

家の中は動物のフンだらけで、壁という壁にはオカルト本でしか見ないような魔法陣がたくさん書かれていた。それを見た時は血の気が引くような思いだったという。

臭いの原因

屋敷墓地とは家の敷地内に死んだ家族を葬って墓としたものであるが、関東地方の旧家には今でもこれが残っている。但し現在では墓埋法が制定された一九四八年以前に建てられたものが黙認されているだけで、新しく葬ることは原則禁じられている。

耕司さんが生まれた埼玉県内の家にも古い屋敷墓地があった。四基の石塔と一対の石灯籠を備えた墓所で、何代にもわたって大切にしてきたが、次第に傷みが激しくなってきたので、昭和四〇年頃、現代的な霊園に一族の墓を建てた際に改葬した。

当時、耕司さんの一家は、父方の祖父を戸主として、父と父の弟妹とその連れ合いや子どもたちが同居する大家族だった。

改葬するにあたっては、まだ幼かった耕司さん自身を含む家族全員が総出となって、丁重に慰霊した。屋敷墓地の前に祭壇をこしらえ、石灯籠に蝋燭《ろうそく》の火を灯して、寺の住職を招いて読経してもらい、しかる後に屋敷墓地を掘り起こして、出てきたお骨を新しい墓に納骨したのである。

しかし屋敷墓地があった所から悪臭が漂うようになったため、耕司さんの祖父母は「鎮魂の甲斐なく、先祖が祟って臭くしている」と言うようになった。

そして改葬から一〇年後、祖父が大往生を遂げた際に、耕司さんの父と叔父、叔母は、土地を手放して相続税を物納することにした。一緒に暮らしていた親戚は散り散りになり、耕司さんも両親と共に東京都に引っ越した。

それから四〇年。今でもその土地が臭うかどうかは不明であるが、耕司さん曰く、糞便と生ゴミを混ぜたような臭いだったそうだ。

妙な映像

昌介さんが学生の頃、恋人と初めて来たホテルで故障なのかテレビの電源が勝手に点いたり消えたりした。苦情を言うのも面倒なので放っておいたら、やがてチャンネルがランダムに替わり始めてさまざまな番組が一瞬だけ流れていく中で、ふっと妙な映像がうつし出された。

昌介さんと恋人にそっくりな二人組がベッドに腰かけ、こちらを指さして笑っている映像である。あわててリモコンを手にした昌介さんはチャンネルをしらみ潰しに確かめたが、そんな映像を流すチャンネルはどこにも見当たらなかった。

最初は盗撮かと思ったが、そのとき昌介さんたちはまだ服を着ていたのにテレビの中の二人は裸だった。それに顔や体つきはあきらかに自分たちとしか思えなかったけれど、一点だけ違っていたことがある。

映像の昌介さんはありえないほどの巨根だった。子供の脚くらいはあったという。

鈴の音

今年入社したばかりのAさんから、こんな体験談を聞いた。

彼女は、小学四年生のとき、金縛りに掛かったことがある。

場所は、学校から帰宅する途中の通学路。

ぽかぽかと陽光の降り注ぐ畦道を歩いていると、突然、体が動かなくなった。

指の一本すら動かせず、〈どうしちゃったの、これっ⁉〉と酷く狼狽した。

すると、耳元で〈ちりん、ちりん〉と鈴の音が鳴り始めたのだという。

だが、首を回して辺りを確認することは出来ない。

十分ほどだろうか、彼女はランドセルを背負ったまま、道端で固まっていたそうだ。

やがて、鈴の音が聞えなくなると、体も自由に動かせるようになった。

「でも、この体験を他人に話すと、絶対に馬鹿にされるんですよ。だから、随分と久しぶりに話しました」

そう言って、彼女は苦笑した。

こっくりさん

　桜さんは中学生の頃、よく放課後にこっくりさんをしていた。

「いつもやってた子がその日休んでたので、ちょうど教室の前を通りがかった子を呼び止めて誘いました」

　桜さんと親友の百合さん、通りすがりの正木さんの三人で机を囲み、呪文を唱えた。

「こっくりさん、こっくりさん、東の窓からお入り下さい……」

　三人が指を乗せた十円玉が、〈はい〉と書かれた箇所に向かって紙の上を滑る。

「運動会で、赤組と白組どちらが勝ちますか？」

　迷いなく十円玉は〈し〉へ向かう。答えは白組かと思いきや、十円玉は〈ろ〉ではなく、〈ぬ〉へ移動した。〈しぬ〉？　桜さんは気を取り直して、別な質問をした。

「ゆうと君が好きなのは、まいちゃんですか？」

〈はい〉か〈いいえ〉に向かうべき十円玉は、まっすぐ〈し〉へ動き、それから〈ね〉を目指し、桜さんは百合さんと顔を見合わせた。

「あなた、質問したいことある？」

　さっきからうつむいたままの正木さんに尋ねると、彼女は十円玉から指を離した。

「ちょっと、急に手を離しちゃダメじゃん！」

桜さんが怒ると、正木さんは返事もせずに椅子から転げ落ちた。

どうしたのか声をかけても、彼女は床にのびたままぴくりともしない。

百合さんが倒れた正木さんを揺さぶるが、まったく反応がなかった。

「この子、起きないよ。どうしよう！」

「先生呼んでくる、こっくりさん隠しといて！！」

頷く百合さんを残して桜さんは職員室に走り、教師に助けを求めた。

「学校でこっくりさんは禁止されてたから、怒られると思って……でも、それどころじゃなかったんです」

教師が駆けつけたとき、正木さんは息をしていなかった。まだ学校にＡＥＤが設置されていない時代のこと、彼女は救急車で運ばれたが病院で死亡が確認された。

先生からの報告で、桜さんは初めて正木さんのフルネームとクラスを知った。

「私が上着のネームプレートを見て声をかけたの。あんなことになるなんて」

軽い気持ちで占い代わりにしていたこっくりさんが、あのときに限って死に関するワードを連発したのは偶然なのか。桜さんはそれがずっと気になっているそうだ。

お気に入り

舞台役者であった増田さんは一度だけ、幽霊に付きまとわれたことがあった。

「自殺した前の住人らしいんですけど。その頃は告知義務なんてなかったから全く知らないで借りちゃったんです」

夜中になると床を擦る音がした。

見ると喰い掛けの鶏腿のように頭部を潰された女が、部屋をぐるぐると回っている。

普通なら卒倒しそうな場面だが、舞台で度胸を付けた彼女は負けなかった。

「死んだ奴なんかに負けてたら、生きている観客には絶対に勝てないと思ったのね」

増田さんは自分からは逃げないと決めた。

が、やはり気味が悪い。特に油断している晩に出られると翌日の仕事に響いた。

なんとかしなければと考えた時、ふとあることに気がついた。

女は常にクローゼットから出てくるのだが、着ているのは決まって増田さんのとある舞台衣装なのである。

幽霊もお気に入りなんてのがあるのかしら。なんとも腑に落ちない気持ちだったが、たまたまその衣装も含めて監督と打ち合わせがあり、部屋から持ち出した当の衣装が盗難に遭った。

犯人はわからず、泣き寝入りするしかなかった。

が、暫くして同じ作品に出るはずだった女優が体調の不備を訴えて、降板した。

同じ背格好の女優で、増田さんとポジションを争った人だった。

それからまもなく、本番を終えて戻った楽屋に『ごめんなさい』と書かれた手紙とともにあの衣装がきちんとクリーニングされて戻ってきた。

増田さんはそれを知り合いの寺に事情を話して納めて貰った。

衣装が盗難されて以来、女の幽霊は現れなかったからである。

降板した女優とは後年、打ち明け話のように当時のことを謝罪され、今では大の親友になっているという。

あいづち

サエコさんが友人と喫茶店に入ったときのこと。

席に着くと同時、向かいに座る友人が捲し立てるように話をし始めた。内容はどういうことのないことばかりなのだが、ボソボソとお経のようなおしゃべりは続く。アイスコーヒーが運ばれてきても止まらない、延々と続いている。

普段そんなにしゃべる人じゃないのに、いったいどうしちゃったんだろう。

友人の様子を見ながらサエコさんが思っていると。

店の自動ドアが開いたと同時に、見知らぬ男性が入ってきた。速足でサエコさんたちのテーブルに向かってくると、向かいの友人の横にちょこんと座ってしまった。

そして友人の顔を間近に見ながら、

「うんうん、うんうん、うん。そうそう、そう。うんうん、うん」

と相槌を打っている。サエコさんは呆気に取られていたが、友人は気にする様子もなくひたすらボソボソとしゃべり続けている。

「うんうん、うんうん、うん。そうそう、そう。うんうん、うん――」

急に男は立ち上がりくるりと身体を反転させると、来たとき同様に速足で店の外へと出て行った。

「ちょっとちょっとちょっと！　今のなに？」

止まらない話を強引にさえぎってサエコさんが問いかけると、友人はきょとんとして、

「え？　私――」

急に目が覚めたようにあたりを見渡すと青褪めた。今初めて自分が喫茶店に座っているのに気がついたという。

あの男性が何者か、友人に関係があるのかはわからない。でも生きている人のようには思えなかったという。

蛇が貶す

佳乃子さんの実家は「今ではすっかり落ちぶれて貧乏」だそうだが、祖父の若い頃は山を一つ所有していた。その山には人の言葉のわかる大蛇が住んでいて、よく物陰から人の話を盗み聞きしていたという。

あるとき祖父が山仕事の休憩で一服して、はじめは鼻歌を歌っていたが、だんだん大きな声で好きな歌謡曲などを次々と歌った。ひと段落して、仕事を再開しようと立ち上がりかけると背後から、

「ひどい歌を聞かされたものだ」

そう子供のような甲高《かんだか》い声がした。はっとして見ると、下生えの中を竹のように太い蛇が去っていくところだった。

人語がわかるとは聞いていたが、喋れるとは知らなかったので大いに驚いたという。

祖父はのど自慢大会で優勝するほどの喉だったのに、この日蛇に貶《けな》されてからなぜかすっかり音痴になってしまったそうである。

介抱

二十年前、大学に入学したばかりのJさんが新歓コンパから帰宅したとたん、酔いが回って気持ちが悪くなった。

慌ててトイレに駆け込み、顔を便器に近づけて嘔吐《おうと》した。

どんなに吐いても次から次へとこみ上げてくる。嗚咽《おえつ》を漏らしながら、その場にうずくまっていると、誰かが背中をさすってくれているのに気づいた。

ひとり暮らしなので部屋の中に自分以外の者がいるはずがない。が、なぜか少しも怖く感じなかった。

ただ優しくさすってくれるそのことに、ぐしゃぐしゃに頬を濡らしながらJさんは何度も何度も頭を下げたという。

御札

何日も客がこないスナックで、この商売をやめようと決意したママ。

店を明け渡すための片づけをしている最中、壁に飾った絵を外すと御札が貼ってある。

店舗を契約したときからあるこの御札を隠すために、自分が絵を飾ったことを思いだした。

「こんなもの、いったいなんの意味があったのよ」

御札を乱暴に剥がし、店をあとにした。


そのビルはそれから一年も経たないうちに廃ビルになった。

理由は「あのビルには、ゆうれいがでる」というウワサがひろがったからだ。

「わたしがいるときには、そんな話、聞いたこともなかったのに」

案外あの御札のせいかもね、と元ママは厭な笑みを浮かべた。

撮影禁止

新谷さんは、とある観光地の警備員である。

休日、平日を問わず大勢の客でごった返す場所だ。

そのわりにトラブルは少ない。おかげで仕事も気楽なものだ。

ただひとつ、面倒なルールがあった。

ある一角だけ、撮影が禁止されているのだ。撮影禁止の看板を出し、見かけたら注意して止めさせなければならない。

幸い、ほんの少し貧弱な低木が生えているだけの場所であり、写真の対象にはなりにくかった。

先輩社員によると、カップルで撮影すると幽霊が写り込むことがあるらしい。

そのような写真が撮れると、女性の方に何かしら不幸が訪れるという。

その先輩は、奥さんを使って実際に試してみたことがあるそうだ。

見事に幽霊は写っていた。ちなみに先輩は、二人の奥さんを亡くし、現在は独身である。

居抜きの店

大阪の新地に暁美《あけみ》というホステスがいた。

暁美は愛らしい外見、機転の効く会話、豊富な知識を兼ね備えている上に嫌味なところがなく、誰からも好かれる女性であった。

自分の店を持つ夢を叶えるために頑張ってはいるものの、なかなか資金が溜まらない。馴染み客の不動産屋が、だったらこんなのがあると冗談交じりに瑕疵《かし》物件を紹介した。内装も調度品も全て整った、いわゆる居抜きの店だ。だが、土地か建物かに男の霊が憑いており、商売の邪魔をする。

どれほど丁寧に御祓《おはら》いをしようと効果がないため、放置したままになっているという。

驚いたことに暁美は、そこで営業を始めたのである。

皆が心配したが、全く何も起きない。それどころか大繁盛し、一年も経たぬうちに暁美は一等地に店を持つまでに至った。

暁美が出ていった後、安心した不動産屋は店を売りに出したのだが、残念ながら男の霊が復活していた。

若年性

藤田さんの勤める大学病院には、少女の幽霊が出没する。

ただ、その幽霊はパーキンソン病を患っている患者の前にしか姿を現さないらしく、それ以外の患者や、病院関係者が見たことはない。

詳しく調べると、羅患《りかん》した患者全員が、同じ容姿の少女を見ていることが判明した。

それを聞いた担当医は「脳神経症に属する本病では、幻視もありえる」と笑ったが、なぜ患者同士が同じ幻覚を共有しているのかと問われると、首を傾げるばかりだった。


そして、つい先日のこと。

深夜に棟内を見回っていた藤田さんは〈パタパタ〉という足音と共に、廊下を駆け去って行く子供の足を目撃した。

赤い靴を履いた小さな足で、足首より上には何も無かったという。

彼女は現在、パーキンソン病の精密検査を受けるべきかどうか真剣に悩んでいる。

霊カフェ

都下の某おしゃれなカフェは霊の溜まり場みたいになってて通路をうろうろしたり勝手に横に座って凭《もた》れてきたりするので「猫カフェの猫みたい」「じゃあ霊カフェだね」と裕子さんたちは話しているが、全然かわいくないし家までついてこようとするのもいたので辟易《へきえき》してリピーターにはならなかったそうだ。

心中願望

神奈川県横浜市の某大学キャンパスに通う芳也さんは市民サークルで横浜市在住の既婚女性と知り合い、情熱的なアプローチを受けた。

地元で逢えば家族に見られる可能性があると彼女が言うので、東横線の横浜駅改札で待ち合わせをして終点の渋谷駅で一緒に降り、東京都渋谷区内のホテルに入った――。

――次の瞬間、芳也さんは下宿していたアパートの玄関で目を覚ました。

性的な行為をした実感は皆無で、帰ってきた憶えもない。ホテルに入ってから後の記憶がなく、日時を確かめたら、あの日から三日も経っていることがわかった。

女性に睡眠薬の類《たぐい》を盛られた可能性が高い。しかし貴重品は無事である。

ただ、シャツの胸ポケットに「一緒に死んで」と書かれたメモ用紙が入っていた。

ゾッとしたが、警察に通報する気にはなれず、さりとて自分から彼女に連絡して問い詰める勇気もなく「どうしよう」と頭を抱えていたら、玄関で目覚めてから数時間後、市民サークルの事務局から女性の訃報が届いた。

彼女は三日前に自宅で自殺していた。芳也さんと心中したかったのかもしれない。

有名な幽霊

海外では非常に有名な都市伝説が、日本ではあまり広まっていないというケースは多い。「エリサ・デイ」もそのひとつ。かいつまんで紹介しよう。

ヨーロッパのある街にエリサ・デイという娘が住んでいた。非常に美しい娘で、人々は彼女を「川辺の野バラ」と呼び、非常に慕っていたという。

ある日、街に青年がやってきた。彼はエリサをひとめ見るなり恋に落ち、野バラを一本贈ると「この花の咲く場所であなたに会いたい」と求愛した。旅の若者がエリサに恋い焦がれることはこれまでもよくあったので、住人の多くは「いっときだけの淡い恋だろう」と、あまり気に留めなかった。

だが翌日、人々は自分たちの考えが甘かったと知る。エルサは川のほとりで死体となって発見されたからだ。彼女が口に咥《くわ》えていたのは一本のバラ。犯人はもちろん、あの青年だった。

捕まえられた彼は「あれほど美しい人が、この汚れた世界に生きていてはいけないんです」と、満足そうに微笑みながら人々に語ったという。そしてその日以来、川辺でエリサの幽霊がたびたび目撃されるようになった……。

海外では古典といって差し支えない都市伝説だ。映画化されているほか、歌手のニック・ケイヴは、この伝承をもとにした曲を発表している。いまもヨーロッパ各地には「エリサ・デイが死んだ川辺」と伝えられる場所がいくつもある。もちろん真実かどうかはわからないが、筆者は以前、アイルランドを旅行してきた友人から「ダブリンに滞在した際、夜の川沿いで白い女が消えるのを目撃した」という体験談を聞いたことがある。むろんその友人はエリサ・デイの話などまったく知らなかった。

あなたがヨーロッパを旅する機会があれば「エリサ・デイを知ってるか」と聞いてみるのも面白いだろう。もしかしたら「都市伝説の舞台」で彼女と遭うことができるかもしれない。

どうにかするべきところ

ここ数年、呉さんの自宅の玄関から「いってきます」という声が聞こえるそうだ。ほとんどが午前中で、まだ空の暗い明け方が多いという。

小学生くらいの男の子の声なので、同じマンションの部屋の子かなとも思うのだが、その一方で、これが霊みたいなものだったらと嫌なことを考えるという。

「どっちだと思います?」と聞かれたので、私は「どっちでしょうね」と返した。

呉さんは次の話をはじめた。

ここ数年、自宅の玄関で黒い土が大量に落ちている時があるという。自分が靴底につけて運んできたのだろうとそれほど気にしていなかったが、一日中、外出しなかった日にもそういうことがあったので、誰かが家に入り込んできているみたいで気味が悪いという。

「これは霊のせいでしょうか?」

かもしれません、そう答えるしかなかった。

これが最後ですと、呉さんは三つ目の話を語りはじめる。

呉さんは昔から怖いものが苦手で、私の書いているような怪談の本は一度も読んだことがない。読むと夢に見そうだから、という理由である。そんな呉さんが、こんな夢を見た。

自宅の玄関から「本が届いてますよ」と誰かの声が聞こえ、行ってみるとそこには大量の怪談の本が山積みになっている。なぜか、靴脱ぎ場にある自分の靴には血のついた包丁が突き立っている。怖くなって怪談本をゴミ袋に入れて捨てるのだが、その作業がなかなか終わらず、苛立ちの中、目が覚めたという。

それから数日は、玄関になにやら気配のようなものが立ち込めている気がして、そこにいるだけで鳥肌が立つ。夜間になると玄関からカツカツと奇妙な音がする。唸《うな》り声が聞こえてくる日もあった。だからしばらく、家の出入りは素早くおこなっていたのだという。

「あの時、夢ではなくて、本当になにかが来てたんでしょうか？」

かもしれませんと、先ほどと同じ言葉を返した。

なんにしても、呉さんは玄関をどうにかしたほうがいいだろう。

小仏

早紀子さんが飲食店でバイトをしていたとき、見た目は普通の家族連れなのにものすごい悪臭を放ってる一家が客で来た。けれど周囲の客も他の店員もまったく無関心なので不思議に思っていると、その一家の父親らしい男性がバッグから何かを出してテーブルに置くのが見えた。次に近くを通ったとき悪臭が嘘のように消えていたので驚きつつテーブルをチラ見すると、ナプキンスタンドの横に小さな仏像のような物が置いてあった。

仏像の顔は漫画に描かれる変質者のように醜くニヤけていたそうだ。

鼻歌

Tさんの実家は、人通りの多い通りに面している。
自室に居ると時々、喧騒に混じって調子外れな鼻歌が聞こえてくるそうだ。
子供の頃から断続的に、既に十数年、特徴的な鼻歌を唄いながら通り過ぎる人がいる。
どんな人なのか通りを覗いてみたりもしたが、それらしき人物は特定できないまま。
数か月前、二歳になる子供を伴って里帰りした際も、その鼻歌が聞こえた。
すると、傍らにいた子供が天井を指差しながら「だれ？」と繰り返す。
やがて、通りから聞こえていた鼻歌が部屋の天井から聞こえ始めた。
以来、実家には帰っていないという。

ハイビーム

深夜、細い山道を運転していると前方から光が近づいてきた。

道幅がとても狭く、このまま対向車とすれ違うのは無理だった。ちょうど待避所に差し掛かったので、そこに車を寄せてやり過ごそうと思った。

ハイビームにしているのか、ライトがやけに目に眩《まぶ》しい。

光の中、目を凝らすと、対向車と思った物には車体がなかった。

蒼白く燃えさかる小児頭大の球体が二つ、ヘッドライトの如き間隔で並んで車の横を高速で通り過ぎて行った。

それを見送ってから小一時間ほど、両目からやたら涙がこぼれて運転できなかった。

戦地からの写真

八十代の男性Nさんから聞いた話である。

Nさんが十歳の頃、七人兄弟の長兄が軍隊に召集されたという。

初夏のある日、赴任先のパラオから一枚の写真が送られてきた。

軍服を着た若者が三人で肩を組んでいるが、両脇に挟まれた真ん中の人物が、躯はしっかりと写っているのに、顔の部分だけがぶれたようになっている。その真ん中の人物が兄と思われたが、それにしても、どうしてこのような失敗した写真を送ってきたのか、家族は皆首をひねるばかりだった。

すると、それから二週間も経たないうちに兄の戦死の通知が届いた。

死んだということだけで詳しいことは何も書かれていなかったが、おそらく顔に大きな怪我を負ったか、頭ごと吹き飛ばされてしまったのだろうと、悔しそうに父は呟いていたそうである。

認識

川口市に住むM里さんという女性の体験である。

彼女は小学生のころ、両親と三人で賃貸の戸建てに住んでいた。

あるとき、自室に入ろうとノブをまわしドアを開けると、無意識に躰を横へずらした。

まるで部屋からでてくる者がいて、そのひとに道をゆずるような動きであった。自分でもなぜそのような動きをしたのか、わからない。

しかしその瞬間、全身が真っ黒い人間が現れ、彼女の真横を通り過ぎていく。

M里さんは悲鳴をあげて一階にいる母親のところにいき「いま、部屋から知らないお婆ちゃんがでてきた！」と自分がみたものを説明した。そして話しながら、なぜあの「黒い人間」を「老婆」と認識したのか、これもわからなかった。

ただ、母親はM里さんの話を聞いて「そのお婆ちゃん……近所のひとたちから聞いたことのある、ここに住んでた前の住人にそっくりね」と青くなった、という話だ。

姉弟

須坂さんは今年の春、駅前の小さなマンションに引っ越した。

専用の駐車場があるのだが、須坂さんの車には狭すぎるため、駅裏の月極駐車場を借りた。マンションから徒歩五分、料金も安い。便利なのだが問題点をひとつ見つけた。

場内に子供がいるのだ。幼い姉と弟が、朝早くから夜遅くまで駐車場の片隅に立っている。何かしら事情を抱えた子供たちなのだろうか。気になった須坂さんは、次に見かけた時に訊いてみようと決めた。

その日、須坂さんが運転席に座った途端、バケツをひっくり返したような雨が降ってきた。さすがに今日はいないだろうと思ったのだが、既に姉弟はいつもの場所に立っていた。

雨除けなど一切無い。哀れに思った須坂さんは、車を降りて二人に近づいた。

声をかけようとして気づいた。二人の体を雨が素通りしている。

ああ、そういうことか。二人の視線を感じながら、須坂さんは車に戻った。

それ以降も姉弟は駐車場にいる。

須坂さんは、あれはああいうものなのだと自らに言い聞かせている。

相部屋

須藤さんは昔、セールスマンとして全国を飛び回っていた。その時、一度だけ不思議な経験をした。

昭和四十年当時はビジネスホテルなどという洒落《しゃれ》たものはまだ珍しく。大抵は商人宿と呼ばれるような素人のしもた屋で寝泊まりをした。そんなとき群馬から来たという同業らしき若い男と相部屋になった。

笑顔が爽やかな好感の持てる男だったが、女房に逃げられたばかりだと、しょげながら云っていた。

夜が更けると布団を並べ、真ん中に小屏風を立てて区切るとふたりはすぐに寝入った。が、すぐに須藤さんは男の独り言で目が醒めてしまった——相客は須藤さんの悪口を呟いているのだ。

『風采があがらないからあれではダメだな』『薄っぺらさが口先にのぼっている、あれではダメだ』『どう見ても工員上がりにしか見えないあれではダメだ』

延々と続くので遂に堪忍袋《かんにんぶくろ》の緒が切れた須藤さんは立ち上がった。が、相手は熟睡しているのである。勿論、咄嗟《とっさ》の狸寝入りという感じではなかった。

それでも勢いが付いていたので『おい！　こらっ！』と口に出かかったが、その時、男の声が続いているのに気づいた。

『あんなガラクタを売り払うなんてのは詐欺師かまるでテキヤだね』

見ると目はしっかりと閉じられていた。勿論、口も動いてはいない。が、声だけが続いているのだ。

「どういうことですか？」

「耳の穴の奥から聞こえてくるんです……声が」

男は自分の感じ考えたことが、眠ると耳の穴を通じて漏れてしまうんだろうと須藤さんは云った。朝になり、相手は『いびきが大きくはありませんでしたか？』と訊ねてきたが、須藤さんは「別に」とだけ返答した。

「奴がかみさんに逃げられたのもきっとそれが原因でしょうね」

後にも先にも、不思議な体験はその一回こっきりだったという。

姫

二十年以上前の夏、長期休暇を使って会社の同僚の男たち五人で心霊スポットを巡ろうという話に誘われた。伊野さんはあまり気が進まなかったが、参加者はみんな仲のいい人だし、ひと夏の思い出にいいかなと参加したのだ。

夜十時に新宿からスタートしようと集まったはいいが、ここで残念なことが発覚した。

誰も心霊スポットに詳しくなかったのである。

当時は今のようにスマホでちょちょいと検索できるわけでもなく、一人が気をきかせて持ってきたガイドブック的な心霊系雑誌も、都道府県の代表的な心霊スポットをまとめただけのザックリとした内容だったので役には立たなかった。

せっかく車も出したんだし、適当に行ってそれらしいところで下りて、雰囲気だけでも味わって帰ろうと、文字通りの見切り発車でこのツアーはスタートすることになった。

はじめは少しワクワクもしたが、次第にみんな本来の目的を忘れていき、上司の悪口を言い合う会となってしまった。それでも伊野さんは楽しかった。

揺れるようになったので窓から外を見ると、いつの間にか、なかなか雰囲気のいいところを走っている。車内を覗き込むように左右から木々が迫る、暗くて細い未舗装の山道だ。

運転していた者が「あっ」と声をあげ、ブレーキをかけた。

「やばいぞ、あれ」と声を潜める彼の視線を追うと、十メートルほど先に外灯があり、その下を男の人が歩いている。その男は『お姫様抱っこ』で人を運んでいて、こちらのことなどお構いなしで、ゆっくりと道を横切るとそばの林の中へと入っていった。

みんな、しばらく言葉が出なかった。死体を埋めるところを目撃してしまったのか。いや、抱えられている者の手足が動いていたようにも見えた。となると……生き埋め。

「どうする、警察か？」と誰かがいうと、「それはだめ」と女の声が聞こえた。

皆、その瞬間に凍りついたが、慌てず、大声をあげず、強張《こわば》った顔で頷きあって、その場を静かに去った。

運命的な帰還

人間は、誰しも故郷への思いを胸に秘めている。人生の最期をふるさとで迎えたいと願う者も少なくない。叶わないと知っていても、その思いは諦めきれるものではない。

そして、そんな強い気持ちが不思議な出来事を生むことがある。

舞台演劇の名優として知られたチャールズ・コフランは、アメリカはテキサス州の港町で公演中、急病で亡くなってしまった。コフランの故郷はカナダのプリンスエドワード島で、とてもそこまで送ることはできない。人々は鉛でこしらえた棺にコフランを入れ、海沿いの納骨所に埋葬した。

翌年の秋、港町がハリケーンに襲われた。納骨所は嵐によって破壊され、コフランの棺も波にさらわれてしまったのである。

それから八年後の一九〇八年、プリンスエドワード島に暮らす漁師らが、雨ざらしになった長い箱を浅瀬で発見した。開けてみると、そこにはコフランの遺体がおさめられていた。なんとテキサスの港から故郷の島まで、棺は実に数千キロもの距離を移動し、帰還したのである。

かくしてコフランは島民たちの手によって、洗礼を受けた教会の墓地へと埋葬されたのであった。

ちなみにコフランは生前、旅先で出会ったロマ族の占い師から「あなたは俳優としての絶頂期に見知らぬ南の町で命を落とすが、故郷に戻るまで長く安息を得られない」と予言されている。よほど予言が衝撃的であったのか、彼は数多の友人に「この言葉は本当だろうか」と相談していたそうである。

キルケゴール

介護施設で働く、弟から聞いた話だ。

以前、彼が担当した要介護者の中に、Aさんという元教授がいた。

デンマークの哲学者「キルケゴール」研究の第一人者だというが、その割には偉ぶったところのない、とても礼儀正しい人だったという。

ただ、話し相手が欲しかったのか、世話をする弟を相手に「キルケゴールはね、こんな言葉を残しているんだよ」と、色々と教えてくれたそうだ。

そんなAさんだったが、亡くなる数日前に妙なことを言っていた。

「この部屋、隣の物置部屋から話し声が聞こえるだろ。あれはさ、ここの施設で亡くなった年寄りなんだよ。きっと死んでから、物置部屋に囚われてしまったんだね」

怪談に興味のない弟は、「それは、気のせいですよ」と取り合わなかったらしい。

最近、その部屋で介護をしていると〈キルケゴールはね……〉と隣室から声がする。

弟は幻聴だと高を括《くく》っているが、他の介護士は怖がって部屋に入らない。

赤いレシピ

飲食店を経営するシェフの麻奈美さんは、自作したレシピをパソコンで管理していた。最近はインターネットのクラウド・サービスを用いて、自宅のパソコンだけでなく店のパソコンやスマホからでも読める形でレシピのデータを保存できる。便利な時代になったものだと思っていたが、書いた覚えのないレシピが混入するようになって、紙にプリントアウトしてファイルで綴《と》じる昔ながらのやり方に戻した。

ハッカーの仕業だろうか。それとも自分で書いたことを忘れているのだろうか。

記憶にないレシピは、肉類や魚類については「殺された鶏《にわとり》」「死んだ鮪《まぐろ》」などと必ず「殺された」または「死んだ」と前に付けて、赤い字で記されていた。その他の部分はふつうだったが、どうにも不気味なので作る気になれなかったという。

アピール

職場の同僚に誘われ、休日にドライブデートをした。

彼の運転する車の助手席に座ったところ、なぜか彼女のつま足がチクチクする。気合いを入れて新しいハイヒールを履いたせいだと思って我慢していたが、足指の間から踵までが、無数の虫にたかられているようにむず痒くなってきた。

両足の違和感に耐えられず、車が赤信号で停車した隙にパンプスを脱ぐと、敷いた覚えのない黒い中敷きを見つけた。

靴の中に黒くて長い髪の毛がごっそり挟まっている。

「ねぇ、これ……」

脱いだ靴を彼女が見せると、彼はさっと青ざめた。

「ごめん、ここで下りてくれる？」

彼の不当な要求に逆らうことなく、彼女は車を降りた。両足の靴を合わせると、人ひとり分の頭髪ほどの毛が挟まっていて怖くなったのだ。

ストッキングの網目に絡まる髪の毛が取り切れず、駅のトイレで脱ぎ捨てたという。

見終えるまで待って

帰宅途中の路上で、村田さんはスマートフォンを拾った。

意外にもロックは掛けられておらず、悪いとは思いつつ中身を見始めた。

画像フォルダーもSNSもメールも見放題だ。

どうやら女性のものらしい。村田さんは画像を見ながら歩き始めた。

可愛らしい女性だ。秘密と名付けられたフォルダーがある。

　開いてみた村田さんは、己の目を疑った。異様なものが写っている。真っ黒い人影だ。

両目と剥《む》き出しになった歯、どちらも白く浮き出ている。

嫌なものを見てしまったと後悔し、フォルダーを閉じた途端、電話が掛かってきた。

「もしもし、このスマートフォン落とされた人ですか？」

問いかけを無視して、電話の向こうで女性が笑っている。

「もしもし、聞こえてます？」

「あんた見たでしょ。黒い奴の画像。良かったぁ、助かった。それ、あんたにうつるよ」

そう言って電話は切れた。

クッキー

会社員の通子さんの話。

子供の頃友達の家でテレビを見ていると、ぱっと画面が変わってその友達のお母さんがテレビに映し出された。

「××ちゃん、おやつのクッキーですよ」

にっこり笑ってそう言うとお母さんの顔は消え、画面は元のアニメにもどった。

何今の！　テレビ電話みたいなもの⁉　と通子さんは興奮して訊ねたが友達はキョトンとしている。

どうやら彼女にはテレビはずっとアニメを映しているように見えていたらしい。

そのとき部屋のドアが開いて友達のお母さんが入ってきた。

テレビで見たのと同じ笑顔で器に盛ったお菓子をお盆ごと床に置いて帰っていった。

手作りのクッキーだったという。

深夜の帰宅

残業続きで疲れきっていた光夫さんは半分寝ながら歩いていて、うっかり自宅マンション前を通り過ぎてしまった。引き返さなきゃと思っているのに足は勝手に先に進んでしまい、しばらく道を行くとなぜかまた自宅マンション前に出た。おかしいなそんなはずないのにと思いながらとにかく眠くてたまらないのでエレベーターに乗り込み、自分の部屋にたどり着いて灯りもつけずベッドに倒れ込んだ。

気がつくとうっすら明るくなった空の下で光夫さんは児童公園のベンチに寝ていた。周囲には自宅にあるはずの見慣れたテレビとテーブルとローチェストが部屋と同じ配置に並んでいたという。

コード

キムさんが小学生の頃の話だという。

「蟻《あり》の巣から、筆の先みたいな毛束がぞろっと出てたんです」

何とはなしにつまんで引いてみると、小さな穴から黒い束がずるずる引き出されてくる。

「どのくらい長いのか確かめてやろうと手繰《たぐ》ってたら、引くのが面白くなってきて」

夢中になって引き出すもきりがなく、黒い糸束が足元に何重にもとぐろを巻いた。

「両手に握りしめてた黒い束を見ていたら、ふと思ったんです」

これは髪の毛じゃないだろうか。とても長いから、たぶん女の人の髪。

「ということは、ここに女の死体が埋まっている？」

怖くなって手を放すと、長い毛の束は掃除機のコードが戻るように一瞬で蟻の巣穴に戻っていった。

夢の法則

Nさんの友人は、予知夢を見るとのこと。

「と言っても、ピンポイントで現実のできごとを夢に見るわけではなくて、抽象的な夢なんだそうです。目覚めた後で改めてその夢を解釈して、その結果が予知になる。そうですね……夢占いのすごいやつって言う方が分かりやすいかな?」

どうも、その解釈には何らかの法則があるらしく、友人はその要領も心得ていた様子だとNさんは言う。

「でも、それは彼女の直感に基づいてのものであって、一般的な意味での『法則』とは違っていたようです。ただ、ものすごく当たるんですよね」

つい先々月、その友人が「とても難しい夢を見た」と言い、頭を抱えていた。

「これまでの『法則』では解釈できない夢だったようで、すごく嫌な予感がするって……身内には『気を付けて!』と、強く警告していたそうなんですが、今回の場合……」

その友人本人に、非常に重い病気が見つかったという。

監視カメラ

A美さんは結婚する前、北関東の地方都市で消費者金融の会社に勤めていたという。

ある日の朝出社すると、事務所の中がなんだか騒がしい。どうしたの、と同僚に訊くと、昨晩何者かが会社のなかに忍び込んだらしいとのことだった。しかし、盗まれたものは特になく、警備会社も事故発生の情報を受信していなかったので、出動しなかったとのことだった。

誰かが侵入したというのは気のせいではないか、とA美さんは思ったが、話を聞くと、課長のデスクだけがめちゃくちゃに荒らされているとのことだった。見ると、たしかにいつも整然としている机のうえは、書類をはじめ色々なものが散乱している。深夜に地震があったとは聞いていないし、仮にそうであれば他のひとの机も同じようになっているはずだった。

警察を呼ぶか皆で話し合っていたが、とりあえず監視カメラを見てみることになった。警備会社とは別の監視カメラを会社のほうでも取り付けていたので、すぐにモニターを用意して再生してみた。すると――。

カメラは事務所の中を映し出している。

時刻が深夜の一時を廻った頃、壁からぼんやりとした黒い影が出てきたかと思ったら、いつのまにかヒトガタとなって画面の片隅に立っている。庇《ひさし》のある帽子を目深に被った小柄な女性のようだった。

皆口を開けながらそれを見つめていたが、古株の事務員の女性が、あッ、と短く叫び、

「これK子さんやないの――」

そう呟くようにいった。

すると、モニターの女は突然事務所のなかをひとりで鬼ごっこでもするかのように走りまわった。と思ったら、課長のデスクの前に来て、ファイルをばらばらにすると、書類を机のうえに一気にぶちまけた。モニターに釘付けになっていると、消しゴムで文字をなぞるように女の姿は薄くなりながら消えていった。

「さっき、K子さんっていいましたよね。いったい誰なんですか」

そうA美さんが尋ねると、古株の事務員は、前に辞めた子よ、とただそういうだけだった。その場には机を荒らされた当の課長もいたが、終始押し黙ったままで、死人のように青い顔をしていたという。結局、警察には届けなかったそうである。

だんじょう

ウツミの家では兄弟のうちダンジョウと呼ばれる者がいる。勿論、ダンジョウというのは家のなかだけの呼び名で戸籍名はきちんと別にある。ダンジョウは家業を継ぐ者としてはじめから帝王学を授けられる。ウツミはダンジョウでなく、三番目の末弟がダンジョウである。

ダンジョウはどのようにして決められるのか？　ウツミはそれを、結婚して子どもができるまで教えて貰えなかった。本家の庭には大きな桜がある。樹齢四百年という話だ。ウツミの家では男の子が産まれ、多少言葉を操るようになると桜の周りを歩かせる。その際、子どもが桜の樹を見、『アリヨシ』と呟くとその子はダンジョウとなる。

桜には家祖が埋まっている。また何人もの祖先が桜の枝を使い自殺した。こうしたことから幼くして本家の桜と通ずるものは家業の軸とされるのである。ダンジョウがふたりと重なることは今までになく、またダンジョウの由来はウツミも知らない。

GS

ガソリンスタンドでトイレを借りて出てきたら自分の車がない。
店員もいないし、敷地がロープで囲まれまるで廃業したスタンドのようだ。
パニックになっていると道の向こうから手を振る人がいた。
見ればそこもスタンドで、なぜか彼の車が置いてある。
というか、あっちがついさっき車を乗り入れたスタンドのようだ。
唖然としていたら見覚えのある顔の店員が駆け寄ってきて何も訊かず、
「たまにあるんです」
と笑顔で言った。

つよいひと

「霊感が強いってわけではないんですが」

都内で事務職についているキエさんは「憑りつかれやすい」のだという。

道を歩いているとズンと肩が両側から掴まれたように固まって、右耳だけに耳鳴りが起こる。そういうときは「あ、憑いちゃった」と思う。

「あとで聞くと、やっぱりその場所で死亡事故が起きていたりするんです」

身体に出た症状はだいたい三日ほどで消える。

「たぶん、行きずりの霊だからそんなに長く憑いていられないんじゃないかな」

しかし三か月前のこと。一週間が過ぎても肩の強張りも右耳の耳鳴りも治まらなかった。

「夜中の寺を横切ってからなんです」

駅から家への途中にある寺で、境内を横切ると少し近道になった。でも昼間はそうすることはあっても夜に通りたい場所ではない。その夜、酔っていたからだった。

なにが憑いてしまったのか。次の朝起きてから肩より上がガチガチに固まってしまってどうにもならない。しかも右耳の耳鳴りは誰かの囁《ささや》き声に聞こえ、頭が痛くなってくる。

一週間我慢したがもう無理。これはどこかにお祓いに行くべきか、と思ったその日。

取引先のひとつから、新しく担当になったと営業マンが挨拶にやって来た。なんてことのない普通の男性であるが、キエさんはちょっと怖い感じの人だなと思った。

名刺を交換するのに相手と正面から眼が合った瞬間のことだった。

「いたぁ！」突然、首に手刀をくらったような衝撃と、つんざくような叫び声が右耳に突き刺さり、文字通りその場に崩れ落ちた。周囲の人がざわめく中、キエさんは慌てて立ち上がり「なんでもないです！　すみません！」と皆に謝って席に戻りながら、本人が一番びっくりしていた。肩の強張りも耳鳴りもなくなっている。憑きものが落ちたのだ。

「それからその営業の人とちょくちょく話すようになってわかったんだけど、彼は私のさらに上をいく憑かれやすい人のようで――」

かなり強烈ななにかが、常に彼には憑いているようなのだという。それがキエさんに憑いているものを瞬時に負かして退散させたようなのだ。

「彼はしょっちゅうトラブルに見舞われたり事故に遭ったりしているみたい。ただ、本人はそれが憑かれているせいとは思っていないみたいで」

キエさんはなにかが憑いたときには彼を会社に呼び出すようにしている。彼のおかげで身体はすぐに楽になるという。

小笠原

佐々木さんが中学生の頃、仲のよかった友達に小笠原《おがさわら》という子がいた。

彼の家にはゲームソフトがたくさんあるので、よく家にも遊びに行っていた。

ある日、いつものように彼の家でゲームをやっていると、なんだか小笠原の様子がおかしい。急にコントローラーを放り投げたり、ゲーム機本体を蹴ったりとイライラしている。

ゲームはそれほど難しいわけでもなく、順調にステージも進めていたのに、彼が急に癇癪を起こす理由がわからない。なにより、普段の彼はとても温厚な性格なのだ。

「今日はどうかしたの？」

心配になって聞くと、このゲームは自分を馬鹿にしているといいだす。

どういう意味なのかと質問を重ねるが、小笠原は答えずにゲーム機本体を蹴った。

音楽が『プー』という電子音に変わり、バグって継ぎ接ぎみたいな画面になる。

ほらっ、いた！　と小笠原は画面を指さす。

「え、いた？　いたってなにが？」

これだよ！　とゲーム機を蹴る。今度は真っ黒な画面に数字と平仮名が並ぶ。

「なにしてんの、止めなって、壊れるよ？」

小笠原は止めず、ガンガンとゲーム機本体を蹴りだした。蹴るごとに元のゲーム画面がブレたり、意味のない文字や数字が並んだりとテレビに映るものが変わっていく。

そんな中で一瞬だけ、静止画のような生々しい女の人の顔が映った。

「あっ、今のなに?」

佐々木さんは止めようとしたが小笠原がゲーム機を強く踏みつけたので、画面は真っ暗になって、そこからなにをしてもウンともスンともいわなくなってしまった。

それからも小笠原の機嫌は直らず、居づらくなって佐々木さんは帰った。

彼とはそれっきり、口もきかなかった。

予言電話

一九六三年十一月二十二日の朝十時。イギリスの地方紙「ケンブリッジ・ニュース」紙に、中年らしき女性から一本の電話があった。

「世界的なニュースが起こる。ロンドンのアメリカ大使館に電話すべきだ」

女性はそれだけを告げるとすぐに電話を切った。

ほぼ同時刻、カリフォルニア州オックスナードの電話交換手がある電話を受けとった。こちらもやはり中年女性で「十分後に大統領が死ぬ」と告げ、理解不能の単語を口にすると、午前十時二十五分に電話を切っている。

テキサス州ダラスでケネディ大統領が暗殺されたのは、それから五分後のことだった。

これらの通話は、米国立公文書館が公開したＦＢＩ内部文書にも書かれていることが判明した。つまり、公的に記録されている事実なのだ。

通常、私たちは「この女性が大統領暗殺に関与していたのではないか」と考えるはずだ。

しかし、その推理には矛盾が生じる。

暗殺の実行犯とされる男は、ある通りで銃を手に大統領のリムジンを待ち構えていた。

ところが大統領が沿道の観衆と握手を交わし続けたため、車は予定の時刻から大幅に遅れてその場所に到着しているのである。

オックスナードの交換手が対応したということは、女はカリフォルニアのどこかから電話したことになる。ダラスとの距離は、およそ千五百マイル。十分やそこらで行ける距離ではない。だとすれば彼女は、どうやって暗殺の時刻を事前に知っていたのだろうか。この女は、何者なのだろうか。

ＦＢＩが捜査を続けているものの、電話の主は現在も不明のままである。

35回

「ロサンゼルスタイムズ」が報じた、電話に関連する話も紹介しておこう。

二〇〇八年、ロサンゼルスで普通列車と貨物列車が正面衝突。二十四人が亡くなる大惨事となったのを覚えている人もいるはずだ。

この列車を利用していたチャールズという男性は事故の際、正面衝突した部分のすぐ近くに座っていた。損傷の激しい箇所であったため安否の確認は難しかったが、警察は「死んだに違いない」と仮定していた。

ところが事故が起きた夜、チャールズの息子と婚約者、そして彼の兄弟に彼の携帯電話から着信があったのである。

その数、なんと合計で三十五回。

いずれの場合も電話の向こうにいる相手は無言のままで、ほどなく切れてしまったという。

家族は「もしかして彼は列車のなかで生きているのではないか」と希望を持ったが、残念ながらチャールズは翌朝、死体で発見された。その亡骸《なきがら》は、〈誰が見ても、ひとめで即死と判断できる状態〉であったそうだ。

では、三十五回も電話をかけたのは、いったい誰だったのだろう。
真相は闇の中だ。

逃がしたものはでかい

友人はよく「最近、怪談書いてる？　マジでヤバいのあるけど聞く？」と、大ネタを仕込んできたような顔で話してくれるのだが、私はまともに聞いたことがない。
「友達が白いヒトみたいなものを見たんだよ」「有名なトンネルあるだろ。あそこ通った時に恐ろしい声が聞こえるんだよ」「そしたらそいつ、帰りに事故っちゃって」

彼の怪談は録音もしなければメモにもとらない。なぜなら、テレビで聞いた話をそのまま自身の体験のように語るからだ。その場で作ったような雑な話をする時もある。

せっかく話を提供してくれているのに、と私が傲慢な怪談書きに思われるかもしれない。ネタを提供してくれるという気持ちは本当にありがたいのだが、嘘は百歩譲っていいとしても、やはりパクりは後々困るし、登場人物がことごとく呪われたり死んだり病院に入ったりと、ある意味で百点満点の都合の良すぎる話も多いので、それも厳しかった。

幸い、彼は怪談に興味がないので、自分の提供した話が使われていないことも知らないし、知ったところで別に気にもしない。

ところがだ。つい先日も彼と食事に行った時に例のごとく怪談を提供してくれるというので、話半分どころか十分の一くらいで聞いていたのだが。

「えっ、ちょちょ、今の話、もう一回いい？」

ずっと聞き流していたが、終盤のほうを聞いていたら、これがかなり良質な怪談だった。

前半を聞いていなくてもゾッとしたし、なにより他では聞いたことがない話だった。

誤魔化しても仕方がないので正直に「聞いていなかったスマン」と謝罪し、もう一度、
最初から聞かせてほしいと頼んだが、本人はまったく違う、薄いパクリネタを話しだした。

いや、そうじゃなくて今話したやつだよというと、「井戸から出てくる女」の話をする。

「じゃなくて、首を吊った人が消えたって話だよ」

友人は、そんな話はしていないと真顔で返す。

どうやら私は、よい怪談をとり逃してしまったらしい。

思い出を大切に

宮下さんは子供の頃、下校途中にある古びた家で道草を食っていた。

人懐こい黒猫がいるため、いつも立ち寄っていたのだという。

その日も覗き込んだ宮下さんは、変わり果てた姿の猫を見つけた。

折れた首を抱えるような姿で庭先に横たわっている。

家の人に教えてあげようと玄関に向かった時、窓際にいる男に気づいた。

見つめる宮下さんの前で、男は首を吊った。男の体が大きく揺れていたのを明瞭に思い出せるという。帰宅した宮下さんは、母親に見たことを説明した。様子を見に行った母親は、何も無かったといって宮下さんを叱ったそうだ。

翌日の下校途中、宮下さんは全く同じ光景を目にした。折れた黒猫、首を吊って自殺する男。

それが毎日繰り返されるため、宮下さんはその家を避けるようになった。

大人になってから、宮下さんはふと件《くだん》の家に行ってみた。

家はまだあった。あの時に見た男性が、また首を吊ろうとしていた。

俺の五進法

熊本県出身のタクシー運転手、和明《かずあき》さんは四〇歳の誕生日を迎えるのが怖かった。五年ごとに誕生日に怪我をするのだ。前回は三五歳になった日で、恋人と食事の準備中、揚げ物をしていた中華鍋に火がついて両手を大火傷《やけど》した。全治六ヶ月の重傷で、最初の一ヶ月は車のハンドルも握れなかった。三〇歳のときは山で転んで左足首を複雑骨折。二五歳、居酒屋の階段から落ちて全身打撲と鞭打ち症。

おわかりだろうか？　怪我が次第にひどくなっているのだ。五年前の火傷の痕は今も引き攣《つ》れている。次はどうなってしまうのか、非常に不安だ。

そこで、今度は独りで家に引き籠もっていようと決めた。

いよいよ四〇歳の誕生日、四月一四日二一時二六分、布団を被って寝ていた和明さんは、崩れてきた天井の下敷きになって重傷を負った。二年後の今もリハビリ中だ。

言っても笑われるばかりで誰も取り合ってくれないが、和明さんは「俺の五進法のせいで熊本大震災が起きた」と信じている。

タイヤ

えっ、怖い話っすか？　妙なこと、聞きたがるんすね。えっと、あぁ、そう言えばこの間、自転車を直しに行ったんですよ。タイヤがぐにゃぐにゃして、なんか調子が悪くて。で、暫くしたら自転車屋のあんちゃんが、不満そうな顔で戻って来てね。いきなり『こうゆうの、やめてくれない？』って、俺のこと睨むんすよ。こっちもムカっときて、『なに言ってんだ、てめえ』ってなるじゃないですか。そしたらソイツ、黙って裂けたタイヤを、目の前に突き出してきたんすよ。それ、何だと思います？

——蛇っすよ。蛇。それも、地元じゃ見たこともない、真っ赤な縞《しま》模様の。

それが、皮剝いたバナナみたいに、タイヤから〈だらん〉と首を垂らしていて。店員に言わせると、その蛇がチューブの中にパンパンに詰まっていたんだって。で、意味がわかんねぇから、取り敢えずタイヤは廃棄にしたんすけど、ああいうのって一体、何なんですかね？

悲鳴

引っ越しが終わった夜のこと。
部屋はマンションの一階だったのだが、段ボールに囲まれ眠っていると突然、
「うあああッ――」
外から悲鳴が近づいてきて、ベランダでばあんッとなにかが叩きつけられる音がした。
飛びおき、カーテンを開けて確認するが特に変わったところはない。
（なるほど。これが不動産屋のいっていた『悲鳴』だな。これが毎晩、か……）

何日かは我慢できたが、やはり耐えられず別の物件への引っ越しを決意したそうだ。

さびしい

銭湯で髪を洗っていると誰かに肩をつつかれた。泡を流してまわりを見たが誰もいない。気のせいかなと思っているとまたつつかれる。「さびしいなあ」今度は声も聞こえた。「おれもさびしいよ」思わず口にしたらぼろぼろと涙が出てきた。顔を拭って振り返るとやはり誰もいない。知らない女の声だったという。

髪の毛

一時期、遠山さんは髪の毛に悩まされていた。
引っ越したばかりのアパートに、何故か髪の毛が落ちているのである。
遠山さん自身は角刈りである。見つかるのは長い髪の毛だ。
しかも一種類ではない。茶色や金色に染めたもの、長さもまちまちである。
それ以外は何も不満がない部屋だったため、遠山さんは三年間をその部屋で暮らした。
その間、何の気なしに落ちていた髪の毛を拾い集め、コンビニの袋に貯めていた。
その数は全部で三つになったという。
最後の日、処分のために袋を出そうとして押し入れを開けた。
全ての袋がパンパンに膨れ、髪の毛が溢れ出していた。
結局、その袋は押し入れの天井に隠してきたそうだ。

中年男の顔

京都で下宿していた学生時代、政樹さんは部屋の窓に「横倒しになった中年男の顔」が貼りつくように中を覗いているのを見たことがある。その向きだと体も見えなければおかしいのに、なぜか顔だけだった。思わず声を上げた途端に消えてしまったが、男の顔はさめざめ泣いているように見えたという。

状況固定

ある日、Wさんは自宅付近を散歩中、片頬がえぐれた黒猫を見かけた。
傷は既に乾いているのか出血こそみられなかったものの、傍目《はため》にも酷い怪我。
事故にでもあったのか、顎《あご》はダラリと垂れ下がり、跛行《はこう》気味に歩みを進めている。
猫好きのWさんは大層心を痛め、何とかしてあげられないかと思案した。
しかし、なんともできないまま、五年が経ち、現在。
黒猫は、あの日の生々しい傷をそのままに、今もWさんの家の近所を闊歩《かっぽ》している。
もはや、Wさんが心配することはないという。

お姫さま抱っこ

朝、夫が出社してから妻はリビングのソファーで二度寝していた。うとうとしていると、温かな手のひらが彼女の足にそうっと触れた。さらにもう一つの手が背中に滑り込み、妻はたくましい両腕に優しく抱き上げられた。

「あなた？」

「こんにちは、違う人です！」

朗々としたバリトンの返事を受けて目を開くと、見知らぬ男の顔が至近距離にあったので妻は絶叫した。

悲鳴をあげた途端に男はかき消え、支えを失った妻は宙に投げ出された。

幸いソファーに落ちたので無傷だったが、いつあの男が出るかと思うとリビングで仮眠できなくなってしまったという。

雪だるま

篤さんが出張帰りに大雪で長時間電車に閉じ込められたとき、一緒にいた後輩がこんな話をしてくれた。

後輩の郷里は温暖でほとんど積雪がない土地だが、ある年珍しく積もった雪に喜んだ彼は自宅前に雪だるまをこしらえた。すぐ土が露出してしまう薄い雪をかき集めてようやく小さな雪だるまが完成したので、見せびらかそうと弟を呼んでもどってくると、落葉や木っ端でつくった粗末な顔が妙にリアルな表情に変わっていた。

皮肉な笑いを浮かべたおっさんの顔で、いつのまにか目尻の皺《しわ》まで表現されている。

「お兄ちゃん怖いよ」弟が怯えてしがみついてきて、あわてた後輩は雪だるまを踏み潰して壊した。くずれた雪の塊からなぜか煙が上がり、煙草のにおいが鼻をついた。

「考えたら少し前に家の前で車に轢《ひ》かれて近所のアル中のおっさんが死んでるんですよ。そんな場所に雪だるまなんてつくるもんじゃないですねえ」

薄い友情

　多英さんが仕事から帰宅すると電話着信があった。

「番号に見覚えはあるけど、誰だか度忘れしていて……」

　出てみると、電話は大学時代同じゼミに所属していた美香からだった。疲れていたが懐かしさもあり、とりとめのないことをしばらく話して通話を終えた。

　後日、多英さんが同期の男子と会った際、美香と電話した件を話すと〈その子なら、数年前に死んだはず〉と言われた。

「いやいや、こないだ私に電話が来たばかりだし。そんなわけないでしょう」

　多英さんが否定すると、男子は〈美香とは同郷だから間違いない〉と言い張る。

　おかしいな？　と思ったが、当時は多忙だったのでとくに調べることはしなかった。

　それから一年後、再び美香から電話が来た。

　電話の時刻はまたも夜。先方はとくに用事もないらしく、だらだらと大学時代の思い出を話して切った。

「切ったら思い出しました。あの子、もう死んでるじゃない！　って」

その後、多英さんは大学の同窓会に参加し、美香が自殺でこの世を去っていたことを確認した、はずだった。

「美香からの電話、これまでに三回来ましたけど、私がなんだかおかしいんです」

多英さんは美香が死者であることを既に知っている。だが、美香から電話がかかってくると、そのことを綺麗さっぱり失念してしまうのだという。

美香からの電話を切った瞬間、〈今のは亡者だ〉と気づいて毎回ぞっとするのだが、通話しているときは不自然なまでに美香の生死に思いが至らないのだとか。

「まるで頭の中身を勝手にいじくられてるようで、不安なんですよね……」

年一回のペースでかかってくる美香からの電話は、今年はまだ来ていない。

ポスター

R子さんの中学一年生の子どもが描いた交通安全のポスターがコンクールで入選したというので、展示されている新聞社の会場に見にいったそうだ。

わが子に絵の才能があるなどと思ったことはなかったので、心底意外ではあったが、どんなものを描いたのだろうと楽しみにしていると、壁に貼られたうちの一枚が眼に飛び込んできた。

高齢女性が車に轢《ひ》かれ、道路のうえで血まみれになっている絵だった。毒々しい赤色がふんだんに使われているため一際《ひときわ》眼を惹いたのだが、ポスターの下を見ると愕《おどろ》くことに息子の名前が書かれている。

——えっ、あの子がこの絵を……。

お世辞にも上手いとはいえないが、構図のインパクトや色使いの派手さで選ばれたのだろうと思った。他の絵を見ると、子どもや老人が横断歩道を渡るのを温かい眼で見守るドライバーといったものばかりなので、わが子の絵だけが陰惨なことがなんだか少し恥ずかしく思えた。それでも一応は入選しているのだから叱ることはせずに、今後はそれとなく息子の生活に注意を向けてみようと思いながら会場を後にした。

最寄り駅に着くと、駅前の道路に人だかりができている。

どうしたのかしら、と人垣の間から覗いてみると、老婆が路上で倒れている。車に轢かれたのか、頭からひどく出血しているようだった。すでに誰かが救急車を呼んだようだが、もう手遅れであろうことは、見るからに明らかだった。

その老婆の容姿や着ているものの感じ、またうつ伏せの躯の下に広がった大きな血だまりが、息子の描いたポスターとまったく同じだったという。

滝

十年ほど前に食われかけた話だという。

大野さんは当時付き合っていた彼女とよく奥多摩方面へドライブにいっていた。適当なところで下りて徒歩でいろいろ巡り、数枚の写真を撮って帰るのである。

ある週末のドライブ帰りの夜。

彼女が急に、滝を見たいと言い出した。

奥多摩には観光スポットの滝がいくつもあって、何度も見に行っている。その時は見てもこれといって関心を示さなかったのに、どうして今になって滝なのかなと思った。

もう地元に近かったので、今から行ける滝のありそうな場所はどこだろうと考えた。

いくつか場所は浮かんだが、これから行くとなると面倒な場所ばかりだ。それにスポットライトを当てているわけじゃないので、この時間に行っても滝の音ぐらいしか味わえない。

そう話すと、「じゃあ、川でいいよ」というので、水のあるところならどこでもいいのかよと思いつつ、近くの川へと向かった。

その晩はやたらと夜間の工事が多く、かなり遠回りして川へ行った。

着いたよ、と助手席を見た大野さんは、そこで初めて異変に気付いた。

彼女はガックリと首を前に折って、胸元からスカートまで嘔吐《おうと》物で汚している。

「おい、どうした？」

慌てて身体を揺するが反応がない。すぐに救急車をと携帯電話に手を伸ばした時。

ガバリと起きた彼女が大野さんの首に食らいついてきた。

大野さんは混乱した。首に食い込む歯の力は冗談のものではなく本気のものだ。わけがわからないまま必死に首から引き剥がし、彼女をシートに押さえつけた。

彼女はキョトンとした顔で、「ああ、今、変な夢見た」という。

夢の中の自分はとてもお腹が空いていて、なにかを食べないと死んでしまうので必死だった。変な動物がいたので捕まえて食べた。そんな夢を見たのだという。

滝や川に行きたいという発言は覚えていたが、「どうしてそんなことといったのかはわかんない」と、少しだけ血のついた唇を笑みに歪めながら言った。

絆

洋平さんの家は代々、漁師をしてきた。

祖父が現役で、息子である洋平さんの父がまだ幼かったころ。祖父と祖父の兄が漁に出た直後に、祖父の妻である祖母が仕事先で事故に遭った。

重い木材の下敷きになり、生死の境を彷徨《さまよ》う事態となった。

医師から『今夜がヤマだ』と告げられるも、遙か海上に居る父と兄に報せる術は当時なかった。また入れ違いに戻ってきた仲間の船には漁果が溢れ港は湧いていた。誰も祖父の妻がそのような状況になっていることを気に掛ける者はいなかった。

『いいんだよ……覚悟はできてるから……』時折、意識を取り戻した祖母が諦めたように呟いた。

その夜、勢いよく病室のドアが開くと父と兄の姿があった。危篤であることをどうやって知ったのかと尋ねると漁の作業中、まだ高価だったラジヲから妻の歌声が聞こえてきたのだという。その曲は母と父が知り合った頃に見た映画の主題歌だった。

ふたりを見た祖母は徐々に回復し、祖父よりも長く生きたという。

守らず

和田さんの教育実習中での出来事。彼女が担当した小学二年のクラスに、なおちゃんという女の子がいた。

酷く病弱とのことで、ランドセルに沢山《たくさん》の御守りをぶらさげていた。

有名な神社の物ばかりだが、中にひとつだけ可愛いウサギの絵が描かれた御守りがあった。なおちゃんが言うには、母親が作ったものらしい。

ある日の午後、なおちゃんは体育の授業中に倒れ、救急搬送された。

残されたランドセルを自宅に届けようとした和田さんは、妙な臭いに気づいた。

臭いのは、どうやら例の手作りの御守りのようだ。

好奇心に突き動かされた和田さんは、御守りの袋を開けた。

中身は紙が一枚。その紙が臭っている。広げてみると、こんなことが書かれてあった。

『災厄万来、誓願酷死。一刻も早く死にますように』

愕然《がくぜん》として他の御守りも調べたところ、全て空っぽだったという。

何もできないまま教育実習を終えた和田さんは、悩んだ末に教師の道を捨てた。

見初めリベンジ

Rさんが高校生の頃。

通学路の途中で、なぜか気になってしまう空き家があった。

もう十数年は誰も住んでいないであろう、ボロボロの平屋。

その前を通り過ぎると、ついつい目を向けてしまう。

そして、なんとなく中に入りたいような気持ちになる。

そんな話を母親にすると、どこか忌々《いまいま》し気な様子で「今後、できるだけあの家の前を通らないようにしなさい」と言う。

どうも母親の様子がおかしいように思い、それとなく問い詰めた。

すると母親は、例の空き家に住んでいた人間とは小学中学の同級生であり、成人して後、好意を持っているので付き合って欲しいと言われたが、断った経緯があるとのこと。

彼が自宅で首を吊ったのは、Rさんの母親にフラれた次の日だったという。

「アンタ、娘だけあって私の若い頃に似ているから……用心しなさい」

そう言われ、次の日からは遠回りをして帰宅することにしたそうだ。

らくがき

二十年くらい前に紀久子さんの自宅近くで轢《ひ》き逃げ事件があり、轢かれた女の子は亡くなったが犯人はいまだ捕まっていないはずである。

女の子は道路の端にしゃがみ込みクレヨンでらくがきをしていて事故に遭った。そのとき描きかけていたらくがきはしばらくうっすら路面に残っていたが、それはどう見ても〈自動車に轢かれて道路に倒れている子供〉の絵にしか見えなかった。

描かれた車の色はブルーで、目撃証言によればこれも実際に轢き逃げした車と一致していたそうである。

飛着物

昭和四十七年の夕刻のこと。

旧家である実家で、長い廊下を歩いていたN之さんは足を止めた。廊下の奥から袖を真横に広げた白い着物だけがバタバタと音を立て近づいてくる。まるで天井に張ったロープにハンガーを吊るして糸で引く、お化け屋敷の仕掛けのようだった。もちろんN之さんの家の廊下に、そんなロープはない。彼は「わっ！」と悲鳴をあげてその場にしゃがみこんだ。

彼の真上を着物が通りすぎ、廊下を曲がって玄関のほうへ消え去った。

「なんだ……いまのは？」

着物自体も誰のものだったかわからず、N之さんは首をひねるばかりだった。

これだけの話だが、不思議なのは私がこの「着物が飛んでくる話」を聞いたのは彼だけではないこと。そして各地にいる体験者も、この年に「飛ぶ着物」をみていることである。いったい昭和四十七年に、なにがあったのか――それが私にはわからないのだ。

ネコババ

あぁーあぁー、と辺りに猫の声が響きわたる。

マンションの一階の駐車スペースに猫が集まり、声を限りに鳴き叫んでいるのだ。繁殖期のオス猫同士がケンカしているのだろう。

様子を見に行くと、四、五匹の猫どもが一匹の猫を集中攻撃していた。

よってたかって咬まれたり引っ掻かれたりしている白猫が、あぁー、あぁー、と哀れを誘う悲鳴を上げている。

コラ！　と怒鳴ると、上になっていた猫どもはちりぢりに走り去った。

コンクリートの上に白猫がぐったりしているが、何か様子が変だ。

ほっそりしてしなやかな猫の体に対して、頭が妙に大きい。

たいへんだ、写真をとらなければとスマホ操作にもたついているうちに、白猫の身体に老女の顔が付いたその生き物は、白髪頭を重たげに振り起こして一目散に逃げて行った。

モフモフ

榊《さかき》さんはワンルームのマンションで犬を飼っている。長毛種ゆえ換毛期の抜け毛は半端ない量だが、可愛いのでブラッシングなどの世話は苦にならないそうだ。

「室内犬のせいか、私の食べる物に興味を持つのが困るんですよね」

人間用の食べ物は塩分が濃く、犬の健康には良くない。榊さんは愛犬にどんなにねだられても、けっしておかずをあげないようにしていた。

ある日、榊さんは自炊途中にトイレに行った。二、三分ほどで台所へ戻ると調理台に愛犬が上り、出来かけのおかずをガフガフ貪《むさぼ》り食っている。

「台所には入らないよう躾けてきたのに、どうして！　って、すごくショックで」

ダメ！と叫んで犬の首根っこをつかむと、榊さんの指がモフモフの毛皮に埋まった。否、埋まりすぎた。つかんだ犬の首が何の抵抗もなく千切れ、榊さんは悲鳴を上げた。

愛犬だと思っていたものが、大量の抜け毛の束にほどけて床にばらばらと舞い落ちる。

びっくりして愛犬の名を呼ばわると、本犬は寝ていたらしくケージから走り出してきて、榊さんのしつけ通りにキッチンの入り口で歩を止め、そこで尾を振ったという。

白い手

大分県臼杵市《うすきし》に住む文夫さんは自動車通勤している。その夜もいつもの道を車で帰宅するところだった。午後九時過ぎ、通いなれた国道を走っていると、バックミラーに平たくて白いものが映った。

最初は小さなレジ袋か紙切れだと思ったが、ひらひらと上下に揺れながら飛んで尾《つ》いてくる。不気味に感じて加速しても振り切れない。とうとう追いつかれて、ついに真横に並ばれてしまった。

その頃には、そいつの正体が見えていた。レジ袋などではない。

女の手だ。白魚のような指が五本ついた掌《てのひら》だ。

赤信号で止まると、女の手はなよやかな仕草で、助手席の窓ガラスの縁を掴んだ。

助手席の窓が半分開いていたのだ。しまった、閉めておけばよかった！

文夫さんはその後の記憶が曖昧《あいまい》だ。「気づいたら、うちのガレージで車の運転席に座っていて、朝日が沢山《たくさん》の手形を全部の窓にびっしりと浮かびあがらせていました。それが全部、車の内側から捺《お》されているとわかったときの怖さときたら……」とのこと。

憂鬱の理由

Yさんの曽祖母は生前、

「この家はな、代々死んだ者が五十年ごとに生まれ変わるんだ。ホラ、うちのひとは昭和十七年に戦争で死んじまっただろう。だからそれからちょうど五十年後の平成四年にお前が生まれたってわけさ」

そういうのが口ぐせだった。Yさんはその話を半信半疑で聞いていたが、両親はごく当たり前のように受け止めていたそうだ。

それもただ生まれ変わってくるのではないという。

容姿や体型をはじめ、声や体質や性格などが、瓜ふたつとまではいわないが、成長とともによく似てくるというのだった。実際、Yさんの父親は大正二年に亡くなった曽祖父の父親にそっくりなのだという。といっても、それぞれ生きてきた時代が違うのだから生活環境などはもちろん異なるが、その人生を大きな眼で捉えてみると、概ね似た感じで一生を終えるのだそうだ。

なにより恐ろしいのは、生まれ変わった者は前世と同じ原因で死ぬということだった。これはある意味、運命ともいえ、抗いようがないのだという。

戦争で死んだ曽祖父は零戦乗りだったが、最期は墜死したので、Yさんは飛行機には絶対に乗らないようにしてきたそうだが、この先どうしても乗らなければならなくなったときのことを考えると憂鬱《ゆううつ》になってしまうそうである。

赤いぶらんぶらん

四歳になる娘が奇妙なことばかりを言うようになって困っている。

そんな悩みをこぼしたのは、私が派遣のバイトをしていた頃にお世話になった先輩だ。

そのぐらいの年頃なら、奇妙でないことを言わないことのほうが少ない。子供は大人の見ていないものを見ている。その子の目にはきっと、木も空も人も不思議で奇妙に映っていて、自分が見たありのままを大人に伝えているのだから心配する必要はありませんよと、珍しくマトモなことを返した私に「そういうんじゃねぇよ」と、先輩は怒り気味に返した。

ある日、赤い、ぶらんぶらんとしたものをノートに描いたのだという。

内臓がぶらさがっているように見えるが、まさかそんなものを描くはずがない。

「これ、なにを描いたの？」と聞くと、あるアニメの動物キャラの名を答える。

「ふーん。これ、なにをしてるの？」

「くびをつっている」

その返答にぞっとし、どうしてそんなものを描いたのかと聞くと「ヨウジが知ってる」という。数日前に自宅に連れてきた、現在の仕事の部下の小倉洋司のことだった。彼は子供に好かれる気弱で優しい性格なので、よく自宅に連れてきて娘とも遊ばせていたらしい。

嫌な予感がしたのですぐに電話をして、オマエ娘に何か吹き込んだのかとヨウジを問い詰めた。というのも、ヨウジは普段から「そういうもの」が「見える」と公言する人間でもあったのだ。

するとヨウジはいいづらそうに、こう答えた。

「そういうものが先輩の家の中にいたのは知ってます。でも、気づいたけど黙っていたんです。まさか、先輩の娘さんにも同じものが見えていたとは思いませんでした。ところで先輩こそ、そういうものに心当たりはありませんか?」。

心当たりなんてないんだよ。そう呟《つぶや》く先輩の表情は心当たりがありそうだった。

まさゆき

「まさゆき！」

男の声と同時に後ろからグイッと服の襟首《えりくび》を引っぱられた。

深夜、自転車で川沿いの道を通っている時だった。

転ばされそうな力で引っ張られるのでブレーキをかけてすぐに振り返るが、そこには誰もいない。舗装された道が緩やかなカーブを描いており、ずっと向こうまで人の影はない。

幽霊だったのかな。そう考えたら、怖いというよりもワクワクした。

——だれだよ、「まさゆき」って。

彼の名前ではない。ひと間違いに気づいてすぐに消えてしまったのか。

なにも起こる気配もないので、もう行くかとペダルに足をかけると、

「おーい、おーい」

前方から声が聞こえる。数メートル先で人影が手を振っている。

さっきの声と似ていた。

あれは幽霊かもしれない。

そうなると、会いに行かないわけにはいかない。こんなにワクワクすることは、もう二

度と経験できないかもしれないのだ。
「今いきまーす」と手を振り返し、ペダルをこぐ。
——あ、だめだ。
すぐにUターンして、来た道を戻った。
手を振る人影の近くでは、真っ黒な川面から一本の長い腕が伸びていた。
見るからに、掴まれてはいけない手であったという。

遺失物

職場で集まってくる忘れ物を盗んで小遣い稼ぎをしている男がいた。スマホは勿論、身の回りのもので持ち運べるものはなんでもかんでも落とし物としてやってくる。

それらのなかから引き取り主のなさそうなものを選んでは持ち帰り、自分で使わないものは故買屋に売っていた。

ある時、不意のどしゃぶりで困った。ビニル傘でも失敬しようと遺失物置き場を覗くと、お誂え向きの立派な紳士傘が目に留まった。これは良いと使うことにした。

帰路、歩いていると不意に傘が重くなった。象牙かと思うほどの精緻な握りがあるものだから、普通のビニル傘より重いのは当然だが、それにしても尋常ではなかった。

もう少しで家だと思い、我慢して歩いていたが、そのうちに傘の重さで身動きが取れなくなってしまった。また放り出そうにも指が食い込むように把手を掴んで離そうとしない。

遂に男はその場で蹲《うずくま》ったまま失神した。

そして失神しながら夢を見た――紳士が坂をゆったりと登っていく姿だった。手にはまさに自分が盗んだ傘を持っていた。

優雅な足取りで進んで行く紳士には首がなかった。肩から上は轢断《れきだん》されたようにすっぱりと水平に、何もない。
ハッとした途端、横の塀の上に散々に崩れた南瓜《かぼちゃ》の残骸が載っていた。
それは彼を刺すような視線で射貫《いぬ》くと『代わりに親を取るぞ』と確たる声で告げた。

翌日、彼は傘を戻すと辞表を出した。

くぐってはいけない

日頃、さまざまな心霊スポットを踏破《とうは》していた先輩が亡くなった。

心霊スポット単独行に出発した先輩はその夜帰宅せず、数日後、廃病院で死体となって発見された。不審死であったが、事件性はないとして処理されたという。

解剖に付された先輩の胃には古びたメスが一本入っていた。にもかかわらず口腔《こうこう》や咽喉《いんこう》に創傷は無く、どうやって彼が粘膜を傷つけずにメスを飲んだのかはわからなかった。

死亡日に先輩が訪れた場所は、生前の彼の手によりSNSに遺されていた。

先輩が好んで通った有名な心霊スポットが並ぶ中、その日だけはコースのラスト、お気に入りの〈廃病院〉の前に〈くぐると死ぬ鳥居〉のある神社の名が初めて記されていた。

それを見た後輩たちは〈先輩、くぐってしまったんだろうな〉と噂し合ったという。

境内の犬

今年八十歳の保之さんが子供の頃神社の境内で遊んでいたら、見たことのない黒犬が近づいてきたので撫でようとしたら手が犬の頭を素通りする。

驚いた保之さんは両腕で抱きついて捕まえようとしたが、やはり何の手ごたえもなく通り抜けてしまって無理だったという。

「おばけの犬がいる」と大騒ぎで近所に触れ回ったところ顔見知りの爺さんがやってきて境内でその犬を見るなり、

「これはろくなもんじゃないから相手にするな、家に帰りなさい」

そう凄い剣幕で保之さんや野次馬に来た子供たちを追い払ってしまった。

翌日その爺さんが亡くなったことを保之さんは親に聞かされた。急に高熱を出して寝込んだ爺さんは譫言《うわごと》のように「あのガキのせいだ、ガキがあれを見せなきゃこんなことには」そう保之さんを罵《ののし》りながら死んでいったらしい。

昔は見えた

Sさんの通っていた小学校には妙な写真があった。

郷土資料室の壁に飾られているそれは、古い白黒のもの。

立派な服を着た男性が並んでいるその足元に、人の手足や首などが転がっている。

子供達は皆怯えていたが、先生たちは全く取り合わなかった。


成人式の日、小学校の同級生数名と懐かしの校舎を訪れた。

子供の頃の思い出を語りながら校舎を歩き、やがて郷土資料室。

壁に立てかけられている例の写真には、手足も生首も写ってはいなかった。

Sさんだけでなく同級生たちも、その写真に写っていたものを覚えてはいたが、子供にありがちな思い込みか勘違いだったのだろうということで笑いあった。


現在、Sさんは三〇歳、一人娘が同じ小学校に通っている。

娘は「郷土資料室に怖い写真がある」と、怯えた様子で話すという。

台所に立つ

ある朝、小坂さんは台所から聞こえてくる物音で目を覚ました。

妻が朝食を作っている。

真っ先にそう思ったほど、耳に馴染《なじ》んだ音であった。

だが、妻は半年前に亡くなっている。何故、今頃になって現れたのか考えるまでも無い。

その日は結婚記念日であった。

小坂さんは飛び起きて台所に向かった。怖くはない。会いたくてたまらない。

台所には背を向けて立つ女がいた。懐かしい後ろ姿だ。

「聡美」

呼びかけると女は首だけを真後ろに回した。

見たこともない顔だったという。

タオル

二年前に引っ越したマンションに、それは一時だけ現れた。

窓の向こうにぼんやりと白いものが浮かんでいるように見えたので、しばらくは外に干してあるタオルだと思って気にしていなかったという。


ある日の夕方、窓の向こうにある白いものを見て、それがタオルじゃないと気づいた。洗濯物を取り込んで間もなかったからである。

なんなんだろうと窓に寄って見るが、近くで見てもわからない。

それは白い色で、つるつるして、形状は大きな亀の甲羅に似ているものだった。

そんなものはベランダに置いていない。

物干し竿やハンガーに下がっているわけでもなく、どうやってそこに存在しているのかもわからない。

「あっ!」急にそれがなにかがわかって、慌ててカーテンを閉めた。

痩せて背骨の浮いた、真っ白な背中であった。

著者紹介

我妻俊樹（あがつま・としき）
『実話怪談覚書 忌之刻』で単著デビュー。ほか『忌印恐怖譚 くちけむり』、「実話怪談覚書」シリーズ、「奇々耳草紙」シリーズ。共著では「FKB饗宴」「ふたり怪談」「怪談四十九夜」「怪談五色」「てのひら怪談」等シリーズ、『猫怪談』など。

伊計 翼（いけい・たすく）
怪談を集める団体「怪談社」に所属している書記。単著に『怪談社RECORD黄之章』、「怪談社 十干」シリーズ、『魔刻百物語』、『あやかし百物語』、『怪談与太話』など。共著に「怪談五色」シリーズ、「怪談四十九夜」シリーズ、『恐怖通信／鳥肌ゾーン』など。

小田イ輔（おだ・いすけ）
『FKB饗宴5』にてデビュー。単著に『怪談奇聞 祟リ喰イ』、『FKB怪幽録 奇の穴』、「実話コレクション」シリーズの『厭怪談』『呪怪談』『忌怪談』『邪怪談』『憑怪談』など。共著に『怪談五色 死相』、『殲・百物語』、「怪談四十九夜」シリーズなど。

川奈まり子（かわな・まりこ）

『義母の艶香』で小説家デビュー。実話怪談では『実話奇譚』シリーズの『穢死』『呪情』『夜葬』ほか、『赤い地獄』、『実話怪談 出没地帯』、『迷家奇譚』など。共著に『嫐 怪談実話二人衆』、『女之怪談 実話系ホラーアンソロジー』『怪談五色 破戒』など。TABLO（http://tablo.jp/）とTOCANA（http://tocana.jp/）で実話奇譚を連載中。

黒木あるじ（くろき・あるじ）

『怪談実話 震』で単著デビュー。単著に「怪談実話」シリーズである『叫』『畏』『累』『屍』『終』ほか、『無惨百物語』、『怪談売買録 拝み猫』『怪の職安』など。共著では「FKB饗宴」「怪談五色」「ふたり怪談」「怪談四十九夜」等シリーズなど。『笑う死体の話』（ムラシタショウイチ）や『都怪ノ奇録』（鈴木呂亜）など新しい怪談の書き手も発掘している。

黒 史郎（くろ・しろう）

小説家として活躍する傍ら実話怪談も多く手掛ける。単著に『異界怪談 暗渠』、『黒塗怪談 笑う裂傷女』、「実話蒐集録」シリーズである『黒怪談』『暗黒怪談』『漆黒怪談』『闇黒怪談』『魔黒怪談』ほか。共著では「FKB饗宴」「ふたり怪談」「怪談四十九夜」「怪談五色」等シリーズなど。

神薫（じん・かおる）
静岡県在住の現役の眼科医。『怪談女医 閉鎖病棟奇譚』で単著デビュー。ほか『骸拾い』など。共著に「ＦＫＢ饗宴」「怪談四十九夜」等シリーズ、『恐怖女子会 不祥の水』、『猫怪談』など。女医風呂 物書き女医の日常 https://ameblo.jp/joyblog/

鈴木呂亜（すずき・ろあ）
自称「奇妙な噂の愛好者」。サラリーマンとして働く傍ら、国内外の都市伝説や奇妙な事件を蒐集している。黒木あるじの推薦により『都怪ノ奇録』で単著デビュー。共著に『怪談四十九夜 出棺』など。

つくね乱蔵（つくね・らんぞう）
『恐怖箱 厭怪』で単著デビュー。ほか『恐怖箱 万霊塔』、『恐怖箱 絶望怪談』など。共著では『恐怖箱 閉鎖怪談』、『恐怖箱 禍族』、「怪談五色」「怪談四十九夜」等シリーズなど多数。黒川進吾の名でショートショートも発表、共著『ショートショートの宝箱』もある。

冨士玉女（ふじ・たまめ）
怪談を聞いたり読んだり語ったりするのが好き。普段はサラリーマンとして生きている。「怪談四十九夜」シリーズに参加。

丸山政也（まるやま・まさや）
第三回『幽』怪談実話コンテスト大賞受賞。『恐怖実話 死神は招くよ』で単著デビュー。ほか『奇譚百物語 拾骨』、『恐怖実話 奇想怪談』、『実話怪談 奇譚百物語』など。共著に『てのひら怪談』、『みちのく怪談』、『怪談五色 破戒』、『怪を編む。』など。

真白 圭（ましろ・けい）
第四回『幽』実話怪談コンテスト佳作入選後、本格的に怪談収集を始める。単著に『実話怪事記 穢れ家』、『生贄怪談』、『暗黒百物語 骸』、『実話怪事記 腐れ魂』など。共著に『怪談実話競作集 怨呪』、『怪談四十九夜 鎮魂』など。

平山夢明（ひらやま・ゆめあき）
『「超」怖い話』シリーズをはじめ、心霊から人の狂気にいたるものまで数多くの実話怪談を手掛ける。「怖い話」「顳顬草紙」「鳥肌口碑」等シリーズなど。狂気系では「東京伝説」シリーズ、監修に「ＦＫＢ饗宴」シリーズなど。ほか初期時代の『「超」怖い話』シリーズから平山執筆分をまとめた「平山夢明恐怖全集」（全六巻）や『怪談遺産』など。

瞬殺怪談 刺

2018年7月6日　初版第1刷発行

著者　我妻俊樹　伊計 翼　小田イ輔
川奈まり子　黒木あるじ　黒 史郎
神 薫　鈴木呂亜　つくね乱蔵
冨士玉女　丸山政也　真白 圭
平山夢明

デザイン　橋元浩明(sowhat.Inc.)
企画・編集　中西如(Studio DARA)
発行人　後藤明信
発行所　株式会社 竹書房
〒102-0072 東京都千代田区飯田橋2-7-3
電話03(3264)1576(代表)
電話03(3234)6208(編集)
http://www.takeshobo.co.jp
印刷所　中央精版印刷株式会社

定価はカバーに表示しています。
落丁・乱丁本の場合は竹書房までお問い合わせください。

ISBN978-4-8019-1515-2 C0176